AF714513

इंद्रधनुषी एहसास

OrangeBooks Publication

1st Floor, Rajhans Arcade, Mall Road, Kohka, Bhilai, Chhattisgarh 490020
Website: **www.orangebooks.in**

© Copyright, 2026, Author

All rights reserved. No part of this book may be reproduced, stored in a retrieval system, or transmitted, in any form by any means, electronic, mechanical, magnetic, optical, chemical, manual, photocopying, recording or otherwise, without the prior written consent of its writer.

First Edition, 2026

ISBN: 978-93-7426-066-1

इंद्रधनुषी एहसास

गजल, गीत और छंद संग्रह

चन्द्रशेखर साहू

OrangeBooks Publication
www.orangebooks.in

निवेदन

सुधी पाठकों को सादर प्रणाम,

साहित्य समाज का दर्पण होता है, और कविता उस दर्पण में पड़ा इंद्रधनुषी प्रकाश। इंद्रधनुषी एहसास मेरे मन के उसी प्रकाश का संग्रह है—जो कभी ओज बनकर जागरण करता है, कभी करुणा बनकर आँसू पोंछता है, कभी श्रृंगार बनकर जीवन को महकाता है, तो कभी भक्ति बनकर माँ शारदे के चरणों में शीश झुका देता है।

इस संग्रह की हर रचना किसी क्षण का सच है। कोई कविता अर्जुन्दा की मिट्टी से उठी, कोई शांतिकुंज के विचारों से निकली, कोई गुरुदेव पं० श्रीराम शर्मा आचार्य जी के हम बदलेंगे-युग बदलेगा के संकल्प से जन्मी, तो कोई माँ कर्मा देवी की आराधना में लीन हो गई। यहाँ देश-प्रेम की हुंकार है, समाज-सुधार की पुकार है, प्रेम की कोमलता है और विद्रोह की चिनगारी भी।

मैं कोई बड़ा साहित्यकार नहीं। मैं शेखर—एक साधारण शिक्षक, एक समाज का बेटा, एक युग-सैनिक। जो देखा, जो भोगा, जो जिया, उसे शब्द दे दिए। मात्रा-छंद की मर्यादा में बाँधने का प्रयास किया, पर भाव को कभी बाँधा नहीं। यदि कहीं शिल्प चूक गया हो तो उसे मेरा भोलापन

समझकर क्षमा कर देना। पर जहाँ भाव ने आपके दिल को छुआ, उसे अपना आशीष समझूंगा।

यह पुस्तक मेरे अकेले की नहीं है। इसमें मेरे गाँव की गलियाँ हैं, मेरे विद्यालय के बच्चे हैं, नगर साहू समाज का स्नेह है, गायत्री परिवार का संस्कार है और आप सबका विश्वास है। आपने ही कहा—शेखर, लिखते रहो। बस वही आह्वान आज किताब बनकर आपके हाथों में है।

निवेदन यही है कि इसे पढ़िए, अपने बच्चों को पढ़ाइए, चर्चा कीजिए। यदि एक भी पंक्ति किसी युवा को चाँद के पार पहुँचने का हौसला दे दे, यदि एक भी ग़ज़ल किसी निराश मन में रफ़्तार भर दे, यदि एक भी वंदना किसी को नेक राह पर चला दे—तो मैं समझूंगा मेरा लिखना सार्थक हुआ।

आपके सुझाव, आपकी आलोचना, आपका स्नेह—तीनों का स्वागत है। क्योंकि लेखक पाठक से ही बड़ा बनता है।

माँ शारदे से प्रार्थना है—

ज्ञान का उजियार दो माँ शारदे,

गीत-ग़ज़लों में मुखर हो ये क़लम।

आपका ही

- चन्द्रशेखर साहू 'शेखर'

अर्जुन्दा, जिला—बालोद, छत्तीसगढ़

पुरुषोत्तम पूर्णिमा,

31मई 2026

अनुक्रम

समर्पण 1

प्रस्तावना 2

शुभकामना 4

शिक्षा से सेवा तक: एक सार्थक यात्रा 6

1. वंदना एवं अध्यात्म

कलेश हरहु घर मोरे 8

हे माँ शारदे! 9

हे शारदे माँ अलख जगाएं...10

सरस्वती वंदना 12

ज्ञान का रफ़्तार दो माँ शारदे! 14

गुरु के चरणों में...16

हे मां क्या लिखूँ? 17

इंद्रधनुषी छटा...19

"पंचवटी में सिया" 21

शिवशक्ति मिलन (शिव की बारात) 23

शिव-स्तुति 25
देवी की आराधना 26
"कान्हा" 28
गगन के पार है जिनका ठिकाना 29
"वादा कर लिया मैंने" 31
मुश्किलों की ज़द में है 32
"बोल प्रभु अब क्या बोलूं" 33
श्रद्धांजलि 35

2. पर्व एवं परिवार

सदा हँसना हँसाना तुम 37
मातृ-दिवस पर मां के नाम 38
माँ 39
राखी के धागों का गहना 40
राष्ट्रीय बिटिया दिवस 41
बेटियों की विदाई 42
सितारे जमीं पर चमकने दो यारों 44
लाड़ले बेटे का जन्मदिन मुबारक 45
वैवाहिक वर्षगांठ है 46
अंतर्राष्ट्रीय परिवार दिवस 47
धरती का स्वर्ग 49
दीपों का पर्व 51

दीप जलाकर मीत बनायेंगे 52
शुभ-दीपावली 53
दीप हैं जलते रहेंगे 54
एक सिपाही का दीपोत्सव 55
ब्रज की होली (कुंडलियां) 56
होली की मस्ती 58
रंगों का पर्व होली 60
बसंतोत्सव 61
उपहार होली में 62
मलिनता को मिटा देंगे होली में 63
जरा लौटो मुहब्बत पर सुहाने 64
शीतकाल का ये मंजर है 65

3. देश-धर्म

बना ही लेंगे फलक पे ज़ीना 68
माटी में चंदन की ख़ुशबू 69
मुल्क से इश्क 70
जो देश के खातिर जीता है 72
गणतंत्र 74
माँ तुझे सलाम! 75
सौ जनम भी देश पर कुर्बान है 76
फ़ौलादी बाहों वाले 77

देश मेरा महान 78
एकता दिल में जगाना चाहिए 79
देश के लिए लड़ना जरूर आता 80
सदा एक ही हम रहेंगे सभी 81
मुकम्मल दुआएं दिए जा 82
जहां पर किसी दिन हुकूमत करेंगे 83
चिंगारियां ग़ज़ल में 84
नहीं कोई बंदा बड़ा है वतन से 86
दुश्मनों पर ज़रा नज़र रखना 87
तरक्की दो गुना होगा 88
राष्ट्रीय एकता 90
शहीदों की शहादत 91
जम्हूरियत 92
शहीदों की यादें 94
आराम नहीं हरगिज़ 95
बड़ा ज़िगर रखना 96
फ़र्ज़ चुकाते रहेंगे 97
आन बान हूं 98
प्यारा-भारत 99
शहादत के लिए 101
नदी पर भी अभिमान है 102
हौसले की बुनियाद 103

देशभक्ति पूर्ण गीत 104
पैग़ाम-ए शहादत 106
जाम उल्फ़त की पिलाते हैं 107
पुण्य प्रताप की ध्वज पताका 108
वतन के सिपाही 109

4. समाज-दर्पण

अच्छे दिन 111
कोविड 112
समसामयिक 113
रंगा सियार 114
वफाएं बिखरा हुआ 115
नया आदमी हूँ 117
एक शिक्षक के कलम से 118
कौड़ी के मोल बिकता 119
अंतर्राष्ट्रीय योग दिवस 120
रहो अब संभल कर 121
अच्छाई बहुत है 122
ये जनता है सफाई न दे 123
आज के दोहे 124
जमीं पर जन्म का आभार 125
अब नहीं वो प्यार वैसा 126

रचनाकारों का सम्मान 127
जनता की ताकत..128
सद्भावना..129
मिल न पाया सुकूँ..130
श्रम कुर्बानी मांग रही है...131
स्वप्न लोक में परी सी बिटिया 132
अंतर्राष्ट्रीय दिवस और कुंडलियां 133
काग़ज़ के टुकड़ों पर..135
लुटेरे 136
कोरोना का कहर 137
सामाजिक श्रृंगार छन्द...138
नारी-जागरण 140
अजन्मी बेटी का करुण पुकार..141
लोभ की पिटारी...143
नीति की राहें 144
श्रम के गीत..145
नक़ाब बाकी है 146
ऐतबार (भरोसा)..147
पक्षी पुराण..148

5. प्रेम-पीर

सपने सजाने लगे हैं 150

छुरी चलाई 151

अखबार करके आ गए 152

कभी बहका नहीं 153

करार मत करना 154

निशा सुंदरी और नव विवाहिता 155

दीवाने उनके मचल रहे हैं 156

पी लिया जाम जो आंख से 158

शायरों की जुबां 159

रूप उनका गुलाब में देखा 160

जादुई इल्म सादगी है क्या? 162

दिल में उनके उतर जाए तो अच्छा 163

छुपाकर चांद सा चेहरा 164

यूँ ही 165

वो अल्हड़ बचपन 166

मैने सजा लिया दिल में 167

जाँ निसार कर बैठे 168

करके कत्ल मेरा जब 169

पैग़ाम-ए-मोहब्बत 170

जादुई इल्म सादगी 171

चेहरा आफ़ताब में देखा 172
मेरी प्रथम रचना 174
प्यार की ख़ुशबू......176
कोकिल कंठी मृदुभाषी 177
इंद्रधनुषी श्रृंगार और प्रकृति......180
सावन में विरहिणी 183
प्यार का इशारा न था 184
बात पहुँचाए जाएंगे......186
किताब में रखे गुलाब 187

6. माटी की महक

कहमुक़री 189
चांद परिधान उतारे थे 191
छत्तीसगढ़ी पद......192
ग्रीष्म ऋतु......193
हाइकु......194
मुक्तक-अवलि......197
जापानी विधा 'तांका' 203
हाइकु (प्रकृति) 205
शरद पूर्णिमा......209

7. ज्ञान-ज्योति

तूफान शायरी के 211

बचपन से पचपन..212

नेकी का सिलसिला 213

सपनों को साकार करते 214

जो बोया वो काटोगे 215

सपने सजा के देख लिया 216

दिल की बात 217

तरक्की का तूफान कर 218

लोगों में ईमान रहेगा..219

राह उनने सदा बुहारी है..220

दिखा राह नेकी चलें हर कदम 221

आज से तो कल जरा बेहतर मिले..223

इल्म की रौशनी..224

घर खुदा का मेरा ठिकाना है 225

बदल रहा हूं मैं..226

आत्मसुधार 227

राज़ गहरा..228

वो कौन है?..230

तैरना यहां भव से..231

संकल्प 232

सफ़लता पा नहीं इतराइए 233
मुनासिब डगर..234
प्यार जरूरी है 235
असल ज़िंदगी है रवायत नहीं 236
मंजिल पर कदम बढ़ाओ..238
महफ़िल को सजाया जाए..239
तमन्नाएं..240
मजबूर बदलने पर नही करना 241
कठिन साधना..242
सितारा नई रोशनी का..243
शिकायतों पर काबू..244
कोई इशारा नहीं..246
मुझे ढूंढता क्यों है किताबों में..247
सच की आदत बहुत बुरी है 249
“कर लिया मैंने” 251
वो वक़्त दूसरा था..252
हसीं सौगात का मौसम 254
स्वर्ग उतरेगा धरा पर..256

समर्पण

परम पूज्य गुरुदेव
श्री राम शर्मा आचार्य जी
के पावन चरणों में

श्रद्धांजलि युग ऋषि के नाम

स्नेह दीप की बाती बन तुम जला गए।
गायत्री का मृदुल दीप्ति बन समा गए ॥1॥

करुणा जल से सींचा जन जन का मन।
ज्ञान कुसुम की कोमल दल सम खिला गए ॥2॥

तुम्हीं से पाया नवजीवन का जाप।
शब्द पुष्प ये चरण धूलि में चढ़ा गए ॥3॥

युग निर्माण के निर्मल स्वप्न के खातिर।
सुप्त चेतना को नवगीत सिखा गए ॥4॥

शिष्य "शेखर"का मन अर्पित बस इतना।
दुआ की शीतल छाया में दे दवा गए ॥5॥

चन्द्र शेखर साहू

// प्रस्तावना //

नगर - बालोद

दिनांक – 17.06.2026

साहित्य समाज का दर्पण ही नहीं, दीपक भी है। मुझे प्रसन्नता है कि बालोद जिले के शिक्षक-कवि श्री चन्द्रशेखर साहू 'शेखर' का प्रथम काव्य-संग्रह इंद्रधनुषी एहसास इसी दीपक-धर्म को निभाने के लिए पाठकों के समक्ष आ रहा है।

'शेखर' से मेरा परिचय वर्षों पुराना है। कक्षा में बच्चों को पढ़ाते हुए जिस निष्ठा से मैंने इन्हें देखा, वही निष्ठा इनकी रचनाओं में भी है। ये उन विरल रचनाकारों में हैं जो कलम और कर्म दोनों को एक साथ साधते हैं। अर्जुन्दा की माटी के संस्कार और गुरुदेव पं० श्रीराम शर्मा आचार्य जी के 'हम बदलेंगे-युग बदलेगा' के संकल्प ने इनकी कलम को स्वर दिया है।

इंद्रधनुषी एहसास विशिष्ट है क्योंकि कवि ने इसे सोच-समझकर सात खंडों में बाँटा है। जीवन के सात आयाम, काव्य के सात रंग — यही इस संग्रह की आत्मा है।

1. **वंदना एवं अध्यात्म:** 'ज्ञान का उजियार दो माँ शारदे' से आरंभ। यहाँ भक्ति का श्वेत रंग है। कवि पहले झुकता है, फिर लिखता है। यही भारतीय परंपरा है।
2. **पर्व एवं परिवार:** तीज-त्योहार, रिश्तों की ऊष्मा। अर्जुन्दा की चौपाल से लेकर माँ की ममता, बहन का स्नेह , बेटी की दुलार एवं परिवार के अनुराग तक — यहाँ संस्कृति साँस लेती है।
3. **देश-धर्म:** 'लोक का कल्याण कर गुलज़ार दो' की हुंकार। यहाँ केसरिया रंग है। राष्ट्र सबसे पहले, धर्म का अर्थ कर्तव्य।
4. **समाज दर्पण:** विसंगतियों पर चोट, कुरीतियों पर प्रहार। 'सोए हुए को जगाने का' आह्वान इसी खंड की आत्मा है।
5. **प्रेम-पीर:** 'पीर दुनिया की हरें' की करुणा। यहाँ नीला रंग है — विरह भी है, वात्सल्य भी। प्रेम केवल देह का नहीं, संवेदना का है।
6. **माटी की महक:** बालोद की सोंधी गंध, खेत-खलिहान, हल-बैल। कवि की जड़ें यहीं हैं, इसलिए उसकी उड़ान सच्ची है।
7. **ज्ञान-ज्योति:** 'चाँद के पार शेखर पहुँचना हमें' का संकल्प। शिक्षा, विज्ञान, युवा-शक्ति — यह खंड भविष्य का दीपक है।

सातों खंड मिलकर पूरा इंद्रधनुष रचते हैं। पाठक जब एक खंड से दूसरे खंड में जाता है तो लगता है जीवन की परिक्रमा कर रहा है। आज जब संग्रह बिना क्रम के छप रहे हैं, तब 'शेखर' ने खंड-योजना से रचना-धर्म निभाया है। शिल्प में भी संयम है। सातों खंडों की रचनाएँ मात्रा-छंद में अनुशासित हैं, पर भाव में

आकाश सी उन्मुक्तता है। भाषा आचार्य बख्शी की सीख जैसी — सरल, पर गहरी। किसान से प्रोफेसर तक सब पढ़कर अपना-सा महसूस करेंगे।

मेरा मानना है कि "इंद्रधनुषी एहसास" में सत्यं, शिवं, सुंदरम् तीनों हैं। यह केवल पुस्तकालय की शोभा नहीं बढ़ाएगा, जीवन का पाठ्यक्रम बनेगा। नवोदित रचनाकार इससे खंड-संयोजन और छंद-शिल्प दोनों सीखेंगे।

मैं कवि 'शेखर' को हृदय से आशीर्वाद देता हूँ। माँ शारदे इनकी लेखनी को रफ़्तार दें और इनका किरदार भारत-निर्माण में लगे। पाठकों से आग्रह — इस इंद्रधनुष के सातों रंग को आत्मसात कीजिए।

शुभम् भूयात्

जगदीश देशमुख
राष्ट्रपति एवं राज्यपाल पुरस्कृत शिक्षक
पदुम लाल पुन्नालाल बख्शी पुरस्कार से अलंकृत वरिष्ठ साहित्यकार
नगर - बालोद, छत्तीसगढ़

चन्द्र शेखर साहू

✦ शुभकामना ✦

ग्राम – पैरी

दिनांक – 16.06.2026

एक कवि दूसरे कवि की पीड़ा और आनंद दोनों को समझता है। इसलिए मुझे विशेष प्रसन्नता है कि मेरे अनुज-तुल्य शिक्षक साथी एवं सृजनशील कवि श्री चन्द्रशेखर साहू 'शेखर' का प्रथम काव्य-संग्रह **"इंद्रधनुषी एहसास"** पाठकों के समक्ष आ रहा है।

एक प्राचार्य और कवि के रूप में मैंने सैकड़ों शिक्षकों और रचनाकारों को देखा है। 'शेखर' उन विरले लोगों में हैं जिनके भीतर शिक्षक का अनुशासन और कवि की संवेदना एक साथ प्रवाहित होती है। कक्षा में विद्यार्थियों को ज्ञान देते-देते भी इनकी कलम समाज के प्रश्नों से जूझती रहती है। "इंद्रधनुषी एहसास" इसी जूझने का काव्यात्मक प्रतिफल है।

इस संग्रह की सबसे बड़ी विशेषता इसकी सहजता और विविधता है इसमें इंद्रधनुष के सात रंगों की तरह विचारों की सतरंगी छटा है। 'ज्ञान का उजियार दो' माँ शारदे की वंदना में भक्ति की निर्मलता है तो 'चाँद के पार शेखर पहुँचना हमें' में युवा-संकल्प की हुंकार। गुरुदेव पं० श्रीराम शर्मा आचार्य जी के 'हम बदलेंगे-युग बदलेगा' के मंत्र को 'शेखर' ने अपनी ग़ज़लों में बड़ी कुशलता से पिरोया है। इनकी रचनाएँ छंदों में बँधी हैं, पर भाव में आकाश-सी उन्मुक्तता है।

एक कवि होने के नाते मैं कह सकता हूँ — 'शेखर' की भाषा सरल है पर अर्थ गहरे। ये शब्दों से खेलते नहीं, शब्दों को जीते हैं। आज जब कविता केवल मंचीय चमत्कार बनती जा रही है, तब 'शेखर' की कलम नेक राह दिखाने का दायित्व निभाती है। ये रचनाएँ केवल मनोरंजन नहीं, जीवन-दर्शन हैं।

मुझे पूर्ण विश्वास है कि "इंद्रधनुषी एहसास" बालोद की माटी से निकलकर छत्तीसगढ़ के साहित्याकाश में देर तक टिमटिमाएगा, रोशन करेगा। यह नवोदित रचनाकारों के लिए प्रेरणा बनेगा और पाठकों के लिए 'उपहार'।

मैं कवि 'शेखर' को हृदय से आशीर्वाद देता हूँ। माँ शारदे इनकी लेखनी से सृजित काव्य संसार को समृद्ध करे और इनका किरदार सदैव सत्य, शिव और सुंदर के लिए समर्पित रहे।

सस्नेह मंगलकामनाओं के साथ....

सीता राम साहू (श्याम)
राष्ट्रपति पुरस्कृत, से. नि. प्राचार्य, एवं लोक साहित्यकार
ग्राम – पैरी, जिला – बालोद (छत्तीसगढ़)

कुंवरसिंह निषाद
विधायक
गुण्डरदेही, विधानसभा क्षेत्र 61

नगर व पोस्ट - अर्जुन्दा
जिला - बालोद (छ.ग.)
पिन नं. - 491225
मोबाईल : 9977861910
Email : mlagunderdehi2018@gmail.com

पत्र क्रमांक D/VIPSELF/186/2026 दिनांक 17.06.2026......

"शुभकामना सन्देश"

आदरणीय श्री चन्द्रशेखर साहू 'शेखर' जी,

आपके प्रथम काव्य-संग्रह **"इंद्रधनुषी एहसास"** के प्रकाशन पर हार्दिक प्रसन्नता व्यक्त करता हूँ। गुण्डरदेही क्षेत्र के एक शिक्षक जब शब्द-साधना के पथ पर चलकर समाज को दिशा देता है, तो यह पूरे अंचल के लिए गौरव का विषय है।

बालोद की माटी में साहित्य और संस्कृति का जो बीज है, इंद्रधनुषी एहसास उसी का नव-अंकुर है। आपने संग्रह को सात खंडों — वंदना एवं अध्यात्म, पर्व एवं परिवार, देश-धर्म, समाज दर्पण, प्रेम-पीर, माटी की महक और ज्ञान-ज्योति — में विभाजित कर पाठक को जीवन-दर्शन की पूरी यात्रा कराई है। यह खंड-योजना ही आपकी कवि-दृष्टि का प्रमाण है।

एक जनप्रतिनिधि के रूप में मैं प्रतिदिन जनता के सुख-दुख से रूबरू होता हूँ। समाज दर्पण खंड में आपने जिन विसंगतियों को उजागर किया है, वह शासन-प्रशासन के लिए भी विचारणीय है। देश-धर्म खंड की रचनाएँ 'हम बदलेंगे-युग बदलेगा' के संकल्प को स्वर देती हैं। आज युवा वर्ग को इसी संबल की आवश्यकता है।

माटी की महक खंड पढ़कर लगता है मानो गुण्डरदेही-अर्जुन्दा के खेत-खलिहान स्वयं बोल रहे हों। ज्ञान-ज्योति खंड में 'नेकी का सिलसिला' 'लोगों में ईमान रहेगा' एवं 'आत्मसुधार' का जो उद्घोष करती हैं, वह हर विद्यार्थी के मन में वैज्ञानिक चेतना और आत्म-विश्वास भरेगा।

विधायक होने के नाते मैं जानता हूँ — नीति और कविता, दोनों का लक्ष्य जन-कल्याण है। आपने शिक्षक के दायित्व के साथ सृजन का धर्म भी निभाया है। भाषा की सहजता और भाव की गहराई इस संग्रह को हर वर्ग तक पहुँचाएगी।

आपकी लेखनी निरंतर ऊर्जावान रहे और आप छत्तीसगढ़ महतारी की सेवा में शब्दों के माध्यम से लगे रहें। इंद्रधनुषी एहसास नवांकुर रचनाकारों के लिए प्रेरणा-स्रोत बने और पाठकों के लिए जीवन-मूल्यों का संबल प्रदान करे।

पुनः हार्दिक बधाई एवं अनंत शुभकामनाएँ....

दिनांक 17.06.2026

(कुंवर सिंह निषाद)
विधायक
गुण्डरदेही, विधानसभा क्षेत्र क्र. 61

शिक्षा से सेवा तक: एक सार्थक यात्रा

1. वंदना एवं अध्यात्म

श्री गणेशाय नमः

कलेश हरहु घर मोरे

श्री गणपति की मंगल मूरति,
वंदना करहुँ कर जोरे।
विघ्न-हर्ता गजानन स्वामी,
कलेश हरहु घर मोरे।
मोदक प्रिय हर्षित हिय दानी,
आनंद कृपा ज्ञान वश तोरे।
विद्या-सागर बुद्धि-विधाता,
मांगहुं ज्ञान धन यश थोरे ॥

हे माँ शारदे!

शारदे माँ आ कलम में, रोशनी भर दीजिए।
ज्ञान का आलोक देकर, तम सभी हर लीजिए।
लोग सारे छल कपट से, दूर रह जीवन जिए।
माँ सभी के उर सजा दे, भावना ममता लिए ॥1॥

चाँद तारे फूल खुशबू, जंतु सारे आदमी।
व्योम में बिखरा हुआ है, आप ही की सादगी।
क्यों न हो सुरलोक भू पर, जब मनुज सँभला हुआ।
राह नेकी पर चलाना, आदमी भटका हुआ ॥2॥

कर्म के पथ पर निरंतर, धर्म से आगे चले।
चाहतें हो हर मनुज में, प्रेम का दीया जले।
सोच हो ऊंची सभी का, बुद्धि में विस्तार दे।
वेदना हो दूर सबका, दे हुनर माँ शारदे ॥3॥

हे शारदे माँ अलख जगाएं

हे शारदे माँ अलख जगाएं।
उजास दे हम दिशा दिखाएं ।।1।।

हमें हमेशा वो राह देना।
सुकर्म पथ पर चलें चलाएं ।।2।।

जो सो रहे हैं अज्ञान तम में।
हमें हुनर दो उसे जगाएं ।।3।।

कठिन समय है निराश इंसा।
ये हाल दिल का किसे सुनाएं ।।4।।

सदा सदा हो भलाई जग का।
इसीलिए माँ तुम्हें रिझाएं ।।5।।

डगर कठिन है अगम्य राहें।
दया तुम्हारी सुगम बनाएं ॥6॥

उड़ान भरना सिखा रही है।
परा जगत से कलम धुलाएँ ॥7॥

सितार वादन कला समाहित।
पुकार तुझको सदा बजाएं ॥8॥

वो तान दे माँ सुगीत "शेखर"।
सभी के दिल में अमन बसाएं ॥9॥

सरस्वती वंदना

कलम पकड़ आसरा तुम्हारी।
है साथ मे माँ दुआ तुम्हारी।।

हे शारदे माँ तिमिर हटा दे।
उजास भर साहिबा तुम्हारी।।

फ़लक पे बैठी निहारती हो।
सुरम्य सुर लय कला तुम्हारी।।

जो कुछ बहर में ग़ज़ल कहा है।
रदीफ़ भी काफ़िया तुम्हारी।।

नहीं किसी का चला जगत में।
जहाँ तलक फ़लसफ़ा तुम्हारी।।

बखान तेरी सदा करेंगे।
सु-दीप बनकर जला तुम्हारी॥

छलक रहे हैं सुगीत बनकर।
मधुर तरंगें सफ़ा तुम्हारी॥

बिखर रहे हैं सगर जगत में।
तमाम हर कायदा तुम्हारी॥

जहाँ कहीं पर उजास भरने।
मुझे बना लो दीया तुम्हारी॥

ज्ञान का रफ़्तार दो माँ शारदे!

लोक का कल्याण कर, गुलजार दो माँ शारदे,
हर तरफ सौहार्द का, संसार दो माँ शारदे ॥1॥

विश्व हित में हम रहें, फनकार दो माँ शारदे,
ज्ञान दो सम्मान दो, रफ़्तार दो माँ शारदे ॥2॥

अंधियारा हो जहाँ भी, भूलोक में अज्ञान का,
उस डगर पर बोध का, मीनार दो माँ शारदे ॥3॥

कर्म पथ पर हम निरन्तर, ही सदा आगे बढ़ें,
सत्य विद्या ज्ञान का, विस्तार दो माँ शारदे ॥4॥

भक्ति दो मां शक्ति दो माँ, साधना की ताप दो,
दीन हीनों के लिए, उपहार दो माँ शारदे ॥5॥

गीत ग़ज़लों में मुखर हो, रुक न पाए ये कलम,
भावना में प्यार का, आधार दो माँ शारदे ॥6॥

पीर दुनिया का हरें, बस कामना ऐसी रहे,
शांति के पथ पर चलें, व्यवहार दो माँ शारदे ॥7॥

हर मनुज जो विश्व में हो, नेक राहों पर चले,
साफ सुथरा आदमी, हुशियार दो माँ शारदे ॥8॥

इस वतन के वास्ते, "शेखर" यही इक कामना,
देश खातिर ही हमें, किरदार दो माँ शारदे ॥9॥

गुरु के चरणों में

यह जीवन अपना शुरू, जहाँ गुरुदेव हमारा है।
अपने कोमल हाथों से, सबका भाग्य संवारा है ॥1॥

गुरु तो ऊँगली पकड़कर, सच की राह दिखाते।
जीवन के दोराहे पर वह, चलने की दिशा बताते।
स्वयं नारायण बनकर, धरा का भार उतारा है ॥2॥

जब भी इस दुनिया में, तिमिर ने कदम बढ़ाया है।
अनाचार और दुराचार ने, अपना पाँव जमाया है।
समर्पित कर प्रतिभा, उन्ही ने जगत संवारा है ॥3॥

राधाकृष्णन कलाम ने, समर्पण की विधि बतलाया।
स्वयं गुरु ने जीवन से, अपनी गरिमा को समझाया।
पारस बनाकर अपने, शिष्यों को गुरु ने निखारा है ॥4॥

अपने गुरु के पथ का, चलो चले हम अनुसरण करें।
उनके आदर्शों पर बढ़, सब सीखों को धारण करें।
उजला होगा जीवन पथ, अज्ञान तिमिर जब हारा है ॥5॥

गुरु के राहों पर अपने, जीवन को हम अर्पित करें।
उनकी रौशनी में स्वयं, जगत में हित अर्जित करें।
गुरु ने कितना किया, शिष्य ने क्या कर्ज़ उतारा है ॥6॥

हे मां क्या लिखूँ?

लिखूँ आराधना के स्वर को,
या जगति के वंदन को?
विषमता की अमरबेल को,
या मां तेरे अभिनंदन को।
हे मां क्या लिखूँ?

भीनी खुशबू इस मिट्टी की,
या लिखूँ लाज मर्यादा पर?
द्रौपदी के चीर हरण पर,
या मणिपुर के क्रंदन पर?
हे मां क्या लिखूँ?

नव निर्माण के शिलान्यास पर,
या घृणा द्वेष दुर्भावों पर?
स्नेह ममता के आंचल पर,
या कीचड़ सने मुखौटों पर?
हे मां क्या लिखूँ?

श्रम छंदों की मधुर तान पर
अलगाववादी धृष्टता पर,
आकुल विकल नव युवक हैं,
बेकारी के दंश-नाद पर?
हे मां क्या लिखूँ?

मृदु मंजुल मुस्कानों पर,
या भूखे शिशु के तड़पन पर,
चीत्कार करती मानवता पर,
दहकते यौवन की धड़कन पर?
हे मां क्या लिखूँ?

मायूस चिंतित युवावर्ग पर,
आसमान छूती महंगाई पर
जांबाजो के शौर्य पराक्रम,
या तंग दिल हरजाई पर,
हे मां क्या लिखूँ?

लिखूँ वही जो सच है मां, बाकी सब अफ़साना है।
तेरा लाल कलम उठाया, जब तक जुल्म जमाना है॥

इंद्रधनुषी छटा

शब्दों का प्रतिघात समझ ले।
ये अचूक अल्फ़ाज समझ ले ।।1।।

कलम किसी से क्या डरती है।
सृजन शक्ति संघात समझ ले ।।2।।

शब्दों की निंदा से डरना।
कवि की ऐसी घात समझ ले ।।3।।

वो दहाड़ उस पैनापन को।
सिंह का गर्जन नाद समझ ले ।।4।।

मधु सी मीठी बोली है तो।
मां वाणी का राग समझ ले ।।5।।

सरगम गूंजे कानों में तो।
इरा का आशीर्वाद समझ ले ।।6।।

ज्ञान सूर्य सम चमक रहा है।
मत इसको तू रात समझ ले ।।7।।

प्रज्ञा का नित कर अवगाहन।
अंतस का हर बात समझ ले ।।8।।

इन्द्रायुध की छटा समेटे।
जीवन "शेखर" सात समझ ले ।।9।।

"पंचवटी में सिया"

प्रचंड सूर्य वंश के महीप की वधू सिया।
सुता विदेहराज की सुकोमलांगिनी हिया।
प्रताप पुंज राम की कुलीन वाम अंगिनी।
बढ़ी चली दुरूह पंथ कौसलेय संगिनी ।।1।।

अजानुबाहु राम संग राजपाट त्यागती।
कठोर कंटकों भरे कटील राह नापती।
सुदूर राह में चली सुशोभिता धरा सुता।
सुरम्य ठौर एक जो पहाड़ से हरा भरा ।।2।।

जहाँ निवास जानकी सुशांति का सुवास है।
सुनीति का स्वयं प्रभा कुटीर में प्रकाश है।
प्रसून हर्ष से खिले सिया सु-नीर डालती।
उगा रही सु-शाक पौध जीव जंतु पालती ।।3।।

सुस्वादु पान त्याग के करील कंद रोचती।
स्वयं सुखी प्रसाद मान रूक्ष भोज सेवती।
घड़ा लिए नदी समीप नीर ला निहारती।
जमीन में बिछा पुवाल सेज को सँवारती ।।4।।

सुशील गौर सौम्य सी सुहासिनी प्रभावती।
सुकीर्ति वंश की बढ़ा रही यहीं धरा सती।
विलास भोग त्याग शांत वास् पर्ण की कुटी।
तपस्थली बनी वहीं जहाँ गोदावरी तटी ।।5।।

शिवशक्ति मिलन (शिव की बारात)

चाँद रहा सिर ऊपर सोहत, अंग भभूत रमाय रहा है।
साँप लपेट गले उर साजत, कुंडल कान बिछूक रहा है।।
देवनदी सिर धारत शंकर, मंगल कारक रूद्र महा है।
हाथ त्रिशूल धरे डमरू निज, तांडव नाच अज़ीब रहा है ।।1।।

शंकर है वर देव् सभी जन, साथ बरात चले जु बिहाने।
देवन बैठि चले निज वाहन, संग परी लग रागनि गाने।।
साँप जनेऊ गले पहिरे शिव, मुंड कि माल पहीर सजाने।
बैल चढ़े सज साज बजे धुन, भृंगी को भेज गणों को बुलाने ।।2।।

कोई बिना मुख हाथ न आँख न, कोई चले बिन पैर बराती।
शान अनेक जु ढेर लगाकर, हाथ कपाल ले भूतनि गाती।।
प्रेत पिशाच गधा मुख योगनि, नाचत गावत बेढब जाती।
जैसन दूलह भीड़ भी वैसन, हाड़ भयंकर खून सजाती ।।3।।

आंगन देव् सभी पहुंचे घर, पांव पखार रहे नर नारी।
औचक देख लिया शिव का दल, बेसुध भाग गए जन सारी ।।
मैनवती रुक पूछत लोगन, काहे भगे यह भीड़ है प्यारी।
बोल उठे यह पागल दूलह, बैल सवार गंवार है भारी ।।4।।

कौन सा दंड दिया विधि नारद, कोस रही मुनि को महरानी।
मातु दुखी लख पारवती नम, आकर बोल गई निज बानी ।।
हे प्रसु लेख विधी रचना यह, जात नहीं कछु से यह जानी।
अंक न मेटि सके कछु तो यह, लो न कलंक न नीर बहानी ।।5।।

देख दुखी हिम औ महिषी तब, नारद पूरब काल सुनाया।
शाश्वत तारक रूद्र सदाशिव, आदि अनंत कथा समझाया ।।
जाकर के तब दूलह को सब, आनि सजाकर मंडप लाया।
शंभु विवाह सु-शैलसुता संग, नाचत गावत मंगल गाया ।।6।।

शिव-स्तुति

सजा हुआ शशांक भाल गंग शीश सोहते।
भुजंग कंठ भूषणा बिछूक कर्ण मोहते ।।1।।

मला शरीर राख खाल बाघ चीर से सजे।
त्रिशूल हाथ में लिए निनाद ड्डमरु से बजे ।।2।।

त्रिनेत्र नीलकंठ भूतनाथ चंद्रशेखरा।
महेश आशुतोष भांग पी रमा रहा धरा ।।3।।

उमा समेत वाम अंग बैठ शैल राजते।
उदार बेल पत्र से सभी विकार साजते ।।4।।

बजाय गाल बोल बंम जोर से पुकारते।
चढ़ाय नीर फूल बेल भाग्य को सुधारते ।।5।।

नवाय शीश दूध से जलाभिषेक जो करे।
क्षमा सभी कसूर का दयालु दीन की हरे ।।6।।

अनंत देव् आप हैं विचार शून्य सोचते।
पुकार भाव से रहे कबूल तासु रोचते ।।7।।

देवी की आराधना

प्रथम वंदना एकदंत की, विघ्नविनाशक हे गणराज ।
सफल करो हे नाथ गजानन, निज भगतों के सारे काज ।।1।।

जय माँ शारद ज्ञान दायिनी, तम का नाश करो करतार ।
जीवन पथ आलोकित कर, ज्ञान ज्योति भरती भरतार ।।2।।

कमला बनकर कोष सजाती, घर घर में भरती भंडार ।।
तुम ही पालक तुम ही पोषक, तुम बिन जग लगता बेकार ।।3।।

हंसवाहिनी माँ गायत्री, श्वेतांबर धर करे विहार ।
स्वर्णकांति से आलोकित जो, निर्मल मन कर हरे विकार ।।4।।

माँ की महिमा बरनी न जाए, धरती पर है एक सहाय ।
जब तक किरपा नहीं मातु की, और दूसरा कौन बचाय ।।5।।

विविध रूप में इस धरती पर, सकल भुवन में बिखरी जाय ।
नारी का धर रूप अनूठा, देवी हर नातों में आय ।।6।।

गोरी रूप धरे माता जब, पालन पोषण कर परिवार।
विविध रूप से स्वर्ग बनाकर, नातों में करती मनुहार ॥7॥

बिन माता के जगत अधूरा, पल पल करती ग़ज़ब कमाल।
सभी तरफ इनका ही डंका, इनके बिन है सभी निढाल ॥8॥

अनाचार जब भी हो तो, काली रूप धरी अवतार।
शामत उनकी आ ही जाती, रौद्र रूप में ले हथियार ॥9॥

दुष्टों को जो मार भगाती, दुर्गा बनकर लिए उबाल।
मातु भाव से जो है निरखत, करती माता उसे निहाल ॥10॥

जिस घर पूजा नहीं शक्ति की, उस घर में है मचा धमाल।
जिस गृह लक्ष्मी सजी प्रेम से, उस घर में है दीनदयाल ॥11॥

नवदुर्गा की पूजा करते, मिलकर के सारा परिवार।
पूजनीय है नारी शक्ति, यही शास्त्र सम्मत आधार ॥12॥

धूप दीप औ लिए आरती, माँ से "शेखर" का मनुहार।
दीन हीन पर कृपा करो माँ, सुधि ले लो सबको पुचकार ॥13॥

"कान्हा"

धुन तेरी मुरली का बजने दो कान्हा।
आपस में भाईचारा बढ़ने दो कान्हा।
अमन के लिए रचाई थी महाभारत,
देश में प्रेम की धारा बहने दो कान्हा ॥1॥

अब ये गुलशन महकने दो कान्हा।
भोले बच्चों को चहकने दो कान्हा।
जाति धर्म भाषा का भेद मिटाकर,
वतन की आभा निखरने दो कान्हा ॥2॥

हृदय नवनीत से द्वेष चुरालो कान्हा।
बेबस द्रौपदी का चीर बढ़ालो कान्हा।
आकुल पुकार सुन अबलाओं का,
लुट रही अस्मत बचा लो कान्हा ॥3॥

गगन के पार है जिनका ठिकाना

हे राम! तुम्हे इस जगती के,
सब पापों को हरना है।
रावण सम अत्याचारी का,
अंत तुम्हे ही करना है।
अन्याय शोषण अनाचार,
अहंकार से लड़ना है।
सत्य धर्म और भाईचारा,
आदर्श मंडित करना है ॥1॥

गुरु की वाणी यही जान ले,
सुख दुःख समय के फेरे।
सुख में कभी न फूलें गर्व से,
दुःख में नही निराशा घेरे।
जब तक संकट स्वयं न आवे,
तब तक उनसे तो दूर रहें।
आ ही जावे यदि वे तब तो,
हिम्मत सामर्थ्य भरपूर रहे ॥2॥

भवसागर से पार जाना हो,
जरुरी ह्रदय में उनका बिठाना।
ध्यान की गहराइयो मे मन,
बड़ा मुश्किल जिनका टिकाना।
अपने इन्द्रियों पर कर संयम,
भवबंधन से गर रिश्ता मिटाना।
वह कर रहा बेसब्र इंतिज़ार,
गगन के पार है जिनका ठिकाना ॥3॥

"वादा कर लिया मैंने"

मिले जब से मेरे मुर्सीद वादा कर लिया मैंने ।
चलेंगे नेक राहों पर ठिकाना कर लिया मैंने ॥1॥

गुनाहों से सदा बचकर रहेंगे हम हकीकत में ।
नया आयाम लेकर के, सवेरा कर लिया मैंने ॥2॥

खुदा सब का बराबर है, जमीं हो या समंदर में ।
दिखा हर दिल के अंदर में, तो सजदा कर लिया मैंने ॥3॥

बहुत कम दिन यहां रहना, है दुनिया मे हमें बंदे ।
इसी कारण गुनाहों से, भी परदा कर लिया मैंने ॥4॥

चलें नेकी के रस्ते पर, जहाँ आराम की दुनिया ।
सजा परलोक भी लेंगे, निराला कर लिया मैंने ॥5॥

किसी दिन उड़ ही जाएगा, छुपा भीतर परिंदा है ।
यही माटी बना तन है, खिलौना कर लिया मैंने ॥6॥

कई लोगों को तारा है, मुझे क्यों छोड़ के "शेखर" ।
मेरे मालिक बता मुझको, ये शिकवा कर लिया मैंने ॥7॥

मुश्किलों की ज़द में है

आदमी हर पल यहां पर मुश्किलों की ज़द में है,
जाने फिर भी जिंदगी क्यों ख्वाहिशों की ज़द में है ।।1।।

चांद को तकते रहे हम रात भर बेकार ही,
नींद भी हर शब मेरी इन ग़मज़दों की ज़द में है ।।2।।

ज़ख्म सी कर मुस्कुराहट होंठ पर रखते रहे,
आज हर इक चाहत - ए - दिल साजिशों की ज़द में है ।।3।।

उम्र भर भागे मगर हमको मिली बस रेत ही,
प्यास अब तक है वही जो गफलतों की ज़द में है ।।4।।

जानता है ये कि "शेखर" जिंदगी दो पल की है,
फिर भी हर इक सांस अपनी उल्फ़तों की ज़द में है ।।5।।

"बोल प्रभु अब क्या बोलूं"

बोलूँ दुखियों के क्रंदन पर,
या मंदिर में तेरे वंदन पर,
कष्टो के सारे झंझट में,
बोल प्रभु अब क्या बोलूँ ॥

उर में सबके प्यार भरे,
जल बनकर मरु मे बिखरें,
छंदों के इस रोचक लय मे,
बोल प्रभु अब क्या बोलूँ ॥

आलस में कटते जीवन को,
या सेवा मे मिले समर्पण को,
ज्ञान यज्ञ में जीवन तय पर,
बोल प्रभु अब क्या बोलूँ ॥

जनहित के कार्य मे जुटे सभी,
इस पथ से चरण न हटे कभी,
ऐसी क्षमताएँ हमे देने पर,
बोल प्रभु अब क्या बोलूँ ॥

यह विश्व हमारा ही घर हो,
उर में स्नेह का निर्झर हो,
ऐसी कृपा बरसाने पर,
बोल प्रभु अब क्या बोलूँ ॥

मानव के बीच न अंतर हो,
बिखरा न समता का स्वर हो,
ऐसे स्नेह समर्पण पर,
बोल प्रभु अब क्या बोलूँ ॥

श्रद्धांजलि

है बड़ी नम हुई आँख सुन ले ज़रा।
है ज़रूरत वतन को तेरा लौट आ ।।1।।

तुम अमर हो गए देश को छोड़कर।
हे पथिक शाम बीता सुबह आ ज़रा ।।2।।

तुम क्षितिज से निहारा करो याद से।
कद तुम्हारा बड़ा है दिशा आसमाँ ।।3।।

बागवानी लगा कर चले तुम कहाँ।
पौध रोपा यहाँ हौसले का नया ।।4।।

हम सभी मिल बुलाते बड़े प्यार से।
फिर हमारे सृजन हाथ तुम थामना ।।5।।

२. पर्व एवं परिवार

सदा हँसना हँसाना तुम

कँटीले डाल पर खिलकर, सदा जग को सजाना तुम।
गुलाबों सा कठिन जीवन, मगर हँसना हँसाना तुम ।।1।।

बड़ी कोमल बड़ी नाज़ुक, कली सी हो मगर देवी।
उठाया बोझ धरती का, इसे मत भूल जाना तुम ।।2।।

रहे अनुचर सदा वश में, सदा रखना हृदय निर्मल।
दिये से हो जगत रोशन, मुहब्बत का जलाना तुम ।।3।।

बड़ों की कर सदा सेवा, लुटाना प्यार छोटों पर।
यही ताकत खुदा ने दी, इसे हरदम निभाना तुम ।।4।।

न सुख में फूल अति जाना, न दुख भयभीत कर पाए।
सदा सम पर बने रहना, यही सबको सिखाना तुम ।।5।।

खुदा ने ही बनाया है, स्वयं का रूप मैया में।
बनाकर के सरस् जीवन, मुहब्बत को लुटाना तुम ।।6।।

अमंगल दूर हों सारे, यही है कामना "शेखर"।
सभी सुत हो सही पथ पर, अलख ऐसा जगाना तुम ।।7।।

मातृ-दिवस पर मां के नाम

(1)

माता सबकी है भली, दुनिया की भगवान।
हर नारी संसार की, देवी है पहचान॥
देवी है पहचान, धरा में और न दूजा।
घर की मैया छोड़, जहाँ में करते पूजा।
कह "शेखर" कविराय, सभी की भाग्य विधाता।
सब देवी हैं बाद, मना लें घर की माता॥

(2)

माँ की ममता दूध सा, होती है रस धार।
इनकी सेवा जो करे, पार हुए मझधार।
पार हुए मझधार, सवारें अपनी नैया।
सब तीर्थों को छोड़, पखारें माँ की पैयां।
कह "शेखर" कविराय, सभी नारी में झाँकी।
पावन है वह धाम, जहाँ पर दर्शन माँ की॥

(3)

छाया इस संसार में, उनका ही अनुराग।
बिन माता का घर लगे, जैसे उजड़ा बाग।
जैसे उजड़ा बाग, नहीं है मन को भाता।
जननी रस की धार, परम यह सुख की दाता।
कह "शेखर" कविराय, सुधा सी उनकी माया।
बन अनुपम उपहार, धरा पे जैसे छाया॥

माँ

हृदय माँ का बड़ा कोमल रहा है।
भरा रस नेह का बादल रहा है ।।1।।

कभी लोरी सुना गाती सुलाती।
वहीं जन्नत जहाँ आँचल रहा है ।।2।।

कभी पुचकार सीने से सटाकर।
लगा रुखसार में काज़ल रहा है ।।3।।

वही पल्लू जहाँ महफ़ूज़ रखती।
महक जैसे वहां संदल रहा है ।।4।।

ज़माने में बड़ी मुश्किल सभी को।
जहाँ माँ का दिल घायल रहा है ।।5।।

फ़िरा जो हाथ सर पे जब भी माँ का।
सुकून-ए-दौर का पल पल रहा है ।।6।।

यही कहना सभी का सार "शेखर"।
जहाँ माँ है वहाँ मंगल रहा है ।।7।।

राखी के धागों का गहना

भाई बहनों का दिन पावन उम्दा लगता है।
राखी के धागों का बंधना गहना लगता है ॥1॥

बाट जोहती हैं हर बहनें रक्षा बंधन का।
राखी बांध कलाई दुर्लभ लम्हा लगता है ॥2॥

पूजा की थाली ले बहनें, दीप जला करके।
तिलक लगाना भाई को संजीदा लगता है ॥3॥

और न दूजा इस दुनिया मे ऐसा रिश्ता है।
प्यार भरा नाता ये सबको गहरा लगता है ॥4॥

जग से न्यारा प्यारा भाई बड़ा सलोना है।
बहनों को अपना भ्राता शहजादा लगता है ॥5॥

और जहाँ में नहीं कहीं ऐसा पावन उत्सव।
देव् दनुज को भी दुर्लभ जो अच्छा लगता है ॥6॥

देवी ये जग की बहनें हर घर इनसे रोशन।
"शेखर" जलसा इस धरती पर उजला लगता है ॥7॥

राष्ट्रीय बिटिया दिवस

सबको बिटिया रानी से घर उजला लगता है।
जिस दिन से वो आई हर-पल महका लगता है ॥1॥

बेटी बहनों के आने से आँगन सजता है।
देवों को भी हो दुर्लभ वो रिश्ता लगता है ॥2॥

पूजा की थाली सा पावन आँगन का कोना।
उनकी हँसी ठहाकों से घर हँसता लगता है ॥3॥

सौहर के घर की शोभा करती है बन गुलशन।
दोनो कुल की मर्यादा है उम्दा लगता है ॥4॥

जानें नारी के रहने से पावन ये दुनिया।
हर घर बेटी की किलकारी गहना लगता है ॥5॥

घर की रौनक बिटियों से है वरना सब सूना।
खुशियों का आना उनसे ही अच्छा लगता है ॥6॥

जिस घर मे बेटी ना हो पूछो उनसे "शेखर"।
कैसे तीजा पोला उनको सपना लगता है ॥7॥

बेटियों की विदाई

बड़े ही जतन से सजाई गई है।
विदाई की रस्में निभाई गई है ॥1॥

बहुत नाज़ से बेटियाँ जो पली हैं।
अचानक जिगर से हटाई गई है ॥2॥

गिरी बूंद आँखों से अश्कों की धारा।
लड़ी मोतियों की गिराई गई है ॥3॥

सभी खेल रब का बनी जोड़ियां हैं।
सगाई सजन से मिलाई गई है ॥4॥

न भूली कभी भी वो बाबुल की गलियां।
नया घर तुम्हारा बताई गई है ॥5॥

चली बैठ डोली गई घर सजन के।
हुई अब पराई बुझाई गई है ॥6॥

कभी भी निकलना सवारी पे अर्थी।
यही सीख उसको सिखाई गई है ॥7॥

कई लोग ऐसे मिले हैं घरों में।
बड़े लालचों में सताई गई है ॥8॥

ये कैसा भँवर है फँसी बेटियां हैं।
दहेज़ों में "शेखर" जलाई गई है ॥9॥

सितारे जमीं पर चमकने दो यारों

हमे तो गमों से उबरने दो यारों,
जरा ठोकरों से सँभलने दो यारो ।।1।।

मिला दिन हमे चार ऐसे फ़िज़ा में,
ख़ुशी के ये खुशबू बिखरने दो यारों ।।2।।

खुदा की कसम इस ज़मीं पर बिछा दो,
सलामत गुलिस्तां महकने दो यारों ।।3।।

निकल तो गई अब रहा हाथ मलते,
गया वक़्त अब ना गुज़रने दो यारों ।।4।।

बहारों से कह दो हमें साथ ले चल,
छटा यूं ख़ुशी के निखरने दो यारों ।।5।।

हमारी सलोनी खुशी बेटियों के,
बढ़ाएं उसे सब चहकने दो यारों ।।6।।

हुनर बेटियों के सहारे यहाँ पर,
सितारे जमीं पर चमकने दो यारों ।।7।।

लाड़ले बेटे का जन्मदिन मुबारक

खिला जो फूल आंगन में हमारे संग महका कर।
बनाकर खुद को दीपक सा जहाँ भर में उजाला कर ।।1।।

हमारी है दुआ ऐसी मिले संसार का वैभव।
सभी के हित जहाँ पर हो वही सब काम प्यारा कर ।।2।।

कदम ऐसा डगर में हो कि सीना फूल ही जाए।
नए रस्ते बनाकर के चलन जग से निराला कर ।।3।।

तुम्हारे काम हो ऐसे कि शुहरत दूर तक फैले।
फ़लक के पार हो रोशन चमक खुद को सितारा कर ।।4।।

करें नेकी कि दुनिया मे सभी उस राह को माने।
किसी दुखिया के आँखों मे खुशी देकर हँसाया कर ।।5।।

मिला इक बार ही चोला बड़े ही भाग से ये तन।
रहे जग में तुम्हारा नाम ऐसा काम अच्छा कर ।।6।।

लगाना प्यार के पौधे सभी के दिल यहाँ "शेखर"।
फलेंगे एकता के फल नया ऐसा सबेरा कर ।।7।।

वैवाहिक वर्षगांठ है

बीत गए साल तो मुस्कुराते हुए,
खुश रहो जश्न दोनों मनाते हुए ।।1।।

हर कदम फूल हों राह में इस तरह,
सुख भरी जिंदगी गुनगुनाते हुए ।।2।।

रात हर रौशनी से सराबोर हो,
दिन सुकूनों भरा खिलखिलाते हुए ।।3।।

चाहतों से भरा प्रेममय जीवनी,
साथ हो बस हमेशा हँसाते हुए ।।4।।

राह हरदम चले प्यार से साथ में,
जिंदगी भर चलो ये निभाते हुए ।।5।।

अंतर्राष्ट्रीय परिवार दिवस

कितने अरमान लिए चलते,
परिवार सदा खुशहाल रहे।
मुखिया घर का समझे इसको,
घर में बढ़िया सुरताल रहे।
सबसे अनुराग मिलाकर के,
निज नेह लुटा हर काल रहे।
रस भाव हिलोर बसे दिल मे,
घर आंगन प्रीति कमाल रहे।। 1।।

हर काम सलाह समेत करें,
सबको उनका अधिकार मिले।
रखना पर मेल मिलाप सदा,
लघु को सबसे मनुहार मिले।
सुलझे हर बात सदा गरचे,
बहुमूल्य खुशी उपहार मिले।
सब आदर से मिलते जुलते,
घर में सब को हर प्यार मिले।।2।।

परिवार खुशी गम में सबके,
हित साध सभी तल्लीन रहे।
नित प्रेम बढ़े भरपूर सदा,
लहजा मधु से लवलीन रहे।
घर संचित त्याग सदैव जहां,
सबके हिय प्यार दुलार रहे।
अँगना चहके महके खुशियां,
खुशबू सुख संग बहार रहे ॥3॥

रचना उनकी कितनी बढ़िया।
जिनने रख दी सुख साथ यहाँ।
कर ले करनी सब हाथ लिखा,
मिलता न कछू बिन काम यहाँ।
सर ताज़ नहीं मिलता जनमे,
करना पड़ता निरमान यहाँ।
चिड़िया न कभी चुगती घर में,
बिन काम किए रहती न यहाँ ॥4॥

धरती का स्वर्ग

एक परिकल्पना के
धरती पर स्वर्ग ऊपर
अन्यत्र नही।

आओ तलाशें ढूंढे
अपने पुरुषार्थ प्रयत्न से
मिलेगा न
अन्यत्र कहीं।

करें इसका
निर्माण यहीं।

पिता-पुत्र, भाई-भाई,
देवरानी-जेठानी, सास-बहू
भाभी-ननद में कभी
तकरार नही।

ऐसे परिवार मे
स्वर्ग हर कहीं।

ईर्ष्या द्वेष छोड़
प्रेम की धारा
घर-घर बही।

मित्र पडोसी संबंधी
सज्जन के साथ
व्यवहार सही।

स्वर्गलोक ऊपर
अन्यत्र नही
मिलेगा धरा पर
यहीं कहीं॥

दीपों का पर्व

दीपों का यह पर्व है दीपक जलाना चाहिए।
एक दिल से दूसरे में प्रीत चलाना चाहिए ।।1।।

रात अँधेरी अमावस यहाँ नही कुछ दीखता।
सूरज का प्रतिनिधि बन टिमटिमाना चाहिए ।।2।।

मिट्टी के दिए कुछ नही हौसला बेहद सही।
रात सारी जगमगा दिनकर बुलाना चाहिए ।।3।।

कष्ट कंटकों से आपूरित वेदना हर कदम,
पीड़ा पीकर दुसरो का मुस्कुराना चाहिए ।।4।।

कब तलक रोके अँधेरा आकर हमारा रास्ता,
विश्वास की रौशनी में हर पग बढ़ाना चाहिए ।।5।।

धन रोड़ा हो नही सकता किसी के सामने,
मितव्ययी संस्कार का लगाम लगाना चाहिए ।।6।।

स्वार्थ की बेड़ियों को चाहते अगर हो तोडना,
यज्ञमय कर स्वयं को सतपथ चलाना चाहिए ।।7।।

दीप जलाकर मीत बनायेंगे

पल पल जीवन के झरने में, सुमधुर गीत सुनायेंगे।
हर बुझते दीप जलाकर के, सबको मीत बनायेंगे ॥

जिनके पलकों पर है आँसू, उमड़ घुमड़ चू जाते हैं।
उनके दिल के बेबस अरमां, तड़प हृदय छू जाते हैं ॥
सपने में भी चैन नहीं है, व्याकुल हर-पल जीवन का,
दीन दुखी ऐसे जन के हित, बन संगीत सुनायेंगे ॥1॥

जो जग के पथरीले पथ पग, आसान कभी धर न सके।
सोच सोच कर रह जाता पर, मन माफिक जो कर न सके ॥
ऐसे निर्बल लाचारों के, जरा कहीं अरमान नहीं,
ऐसे मृत सा मानव में बल, देकर जीत दिलायेंगे ॥2॥

वह जो दुख के सागर में नित, प्रतिपल गोता खाता है।
हृदय मरुस्थल सा बनकर के, दारुण होता जाता है ॥
टूट गई जिनकी आशाएं, मन वीणा के तार बिखर,
हम उन बिखरे तारो में स्वर, लाकर गीत बजायेंगे ॥3॥

अब सोने का समय नहीं है, नया जमाना आया है।
दीपों का अवली लेकर के, नव नव साज सजाया है ॥
तोड़ फेंक दो सारे बंधन, अँधियारों का करो दमन,
रूप बदल देंगे हम जग का, अब नव रीत चलायेंगे ॥4॥

शुभ-दीपावली

दीयों की जगमग आहट ले, घर घर पहुंची दीवाली।
खुशियों की सौगातें लेकर, दिल को हर्षाने वाली।
महापर्व है मानवता का, आलोकित कोना कोना।
द्वार द्वार अनुराग सुवासित, उर नेह कुसुम का होना ॥1॥

दीपक है उल्लास हृदय का, हर हिय में भरना होगा।
पीड़ित शोषित वंचित जन के, हित शासन करना होगा।
फौलादी हाथों को जब तक, काम नहीं मिल पाता है।
कैसे कह दें दीवाली में, मानव खुश हो जाता है ॥2॥

अब भी कुछ लाचार बहुत हैं, दीन हीन भूखे नंगे।
इनकी फिक्र कौन करता है, भीख मांगते नंगे पंगे।
पीड़ा हरने वालों को अब, सुध इनका लेना होगा।
हर आँखों में सपने बुनने, की ताकत देना होगा ॥3॥

दीप हैं जलते रहेंगे

दीपक जलता प्रेम का, हिय से तिमिर हटाय।
दीवाली के पर्व में, जगमग अंतस छाय ॥1॥

रंगोली से सज रहे, हर जन के घर बार।
फुलझड़ियों की रौनकें, दीपों का त्यौहार ॥2॥

कमला वैभव श्री लक्ष्मी, दे सबको वरदान।
हँसी खुशी जीवन चले, रखना सबकी मान ॥3॥

थाल सजा है दीप से, सुंदर मन हर्षाय।
गागर में सागर भरा, पुलक समा नहि जाय ॥4॥

सबके हिय आनंद में, धरा स्वर्ग का रूप।
राज सभा में मां लक्ष्मी, अगर गंध अरु धूप ॥5॥

दीपक जलकर के सदा, मर्म यही समझाय।
ज्ञान बांटने के लिए, घर घर ज्योत जलाय ॥6॥

नहीं बुझेंगे हम कभी, आंधी चलकर आय।
डिगते पथ से हैं नहीं, अनय व्याधि भी छाय ॥7॥

एक सिपाही का दीपोत्सव

सबको यही पता है त्यौहार आ रहा है,
इस देश के सिपाही पहरा लगा रहा है ।।1।।

अरमान तो उसी का शासन करे दिलों पर,
महफ़ूज़ रख अमन को वो मुस्कुरा रहा है ।।2।।

कर याद अपने घर की सरहद रहा ठिकाना,
इक माँ यहाँ सभी का बेटा सजा रहा है ।।3।।

आते समय वचन माँ ने जो लिया हमेशा,
हाथों में बम सजाकर वो गुनगुना रहा है ।।4।।

बारूद खेलता है वास्ते यहाँ वतन के,
ये हौसला उसी का जो जगमगा रहा है ।।5।।

है वीर देश का जो सीने में दम लगाकर
दीपावली को सरहद पर खिलखिला रहा है ।।6।।

हो रोशनी जहाँ पर दिल में सदा सभी के,
त्यौहार दीप 'शेखर 'जीना सिखा रहा है ।।7।।

ब्रज की होली (कुंडलियां)

(1)

रोली रंग गुलाल ले, फूलों से भर थाल।
गोप ग्वाल आकर मिले, राधा सँग गोपाल ।।
राधा सँग गोपाल, बिरज में रास रचाते।
झाँझ पखावज ढोल, गान सब मिलकर गाते।
कह "शेखर" कविराय, गजब की है ये टोली।
फाग खेलते झूम, गुलाल रंग ले रोली ।।

(2)

होली के दिन भोर में, गोविंदा करें विहार।
राधा रानी सोच में, पल पल राह निहार ।।
पल पल राह निहार, सुधि कान्हा बिसराई।
लख प्रियतम को पास, अचानक ही शरमाई ।।
कह "शेखर" कविराय, मुरारी मलते रोली।
बरसा रस आनंद, बिरज की ऐसी होली ।।

(3)

आया मंगल पर्व है, होली का त्योहार।
मोहन सब पर डालते, रंगों की बौछार॥
रंगों की बौछार, गुलाबी नीली पीली।
खेलें राधा श्याम, देह की अँगिया गीली॥
कह "शेखर" कविराय, ग्वाल पिचकारी लाया।
चढ़ी नशीली भंग, पर्व यह मंगल आया॥

होली की मस्ती

मस्ती में गा झूम रहे हैं, संगी के सब संग।
प्यार दुलार उमड़ ही आता, अंदर भरा उमंग॥
जोगीरा सारा रा रा रा..........

फागुन फ़ाग मधुर रस टपके, सब के मन अनुराग।
कौन काला कौन है गोरा, सारे लगते काग।
जोगीरा सारा रा रा रा...........

हाथ नगाड़ा ढोलक डफली, साथ बजावे चंग।
होली की टोली जब निकली, मचा हुआ हुड़दंग॥
जोगीरा सारा रा रा रा...........

खुशियों से नहला देंगे जग, ऊंच नीच को छोड़।
घृणा द्वेष दुर्भावों से सब, लें अपना मुँह मोड़।
जोगीरा सारा रा रा रा..........

कोई रोली लेकर निकले, कोई लेकर रंग।
बैर भाव को भूल मनाते, मन मे रहा न जंग॥
जोगीरा सारा रा रा रा............

बौछारें बरसाएंगे मिल, मीठी वाणी बोल।
प्रेम प्रीति के पावन जल में, रंग सुमति का घोल।
जोगीरा सारा रा रा रा...........

कोई कीच उछाले बरबस, मत करना अब तंग।
मानवता में दानवता का, मत दिखलाओ ढंग॥
जोगीरा सारा रा रा रा............

मौसम मस्त रंगीला मादक, रसना पर है गीत।
मदहोश कर रही दुनिया को, नेह भरे संगीत॥
जोगीरा सारा रा रा रा.........

अंदर ही आमोद मिलेगा, क्यों पीते हो भंग।
अंतस में यदि खोज निकाले, उठने लगे तरंग॥
जोगीरा सारा रा रा रा............

धरती गगन दिशाएँ पुलकित, रंगों की बौछार।
हम अपनी मुस्कान बिखेरें, खुशियों का संसार॥
जोगीरा सारा रा रा रा.............

रंग गुलाल पुते सब चेहरे, देख देख कर दंग।
मानवता में सुख दुख सम है, फिर क्यों लेवें पंग॥
जोगीरा सारा रा रा रा..............

रंगों का पर्व होली

नई खुशियां नया मौसम नए पत्ते सजाया है।
बसंती धूम ले रितु राज रंगों से नहाया है ।।1।।

खिली चम्पा चमेली बाग में महके सजा गुड़हल।
गुलाबी कोपलों में रंग टेसू के लुटाया है ।।2।।

चमन में मोगरा जूही खिले हैं झूम के सुरभी।
महक भीनी कुसुमरज रंज से मादक बढ़ाया है ।।3।।

नशे में मस्त फागुन है गली में फ़ाग की टोली।
किशोरी लाज में डूबी तरुण मौजे बिछाया है ।।4।।

फुहारें प्रीति की बरसी सभी इस रंग में तन्मय।
न कोई धर्म का बंधन हमें रहना सिखाया है ।।5।।

जगत में है अनूठा ये सिखाता साथ में रहना।
यहां होली हमेशा प्यार का सैलाब लाया है ।।6।।

हमेशा जीत होती है भलाई की यहां "शेखर"।
यही एक पाठ होली का समझ होली जलाया है ।।7।।

बसंतोत्सव

चलने लगी हवाएँ भौरों ने गुनगुनाया।
फूलों से महकी डाली देखो बसंत आया ॥1॥

बौरों से लद गए हैं आमों के सारे बगिया।
फैली हुई डगर में चांदी सी रात लाया ॥2॥

डूबे हुए सपन में इंसान अब मुखर है।
रंगीन हैं फिजाएं धुन प्रेम का सुनाया ॥3॥

आँखे भी हैं बसंती मदहोशियाँ लबों पर।
मादक हुआ है मौसम पिय का नशा छुपाया ॥4॥

हिय में बसे पिया हैं परदेश में कहीं पर।
आँखे हुई सजल हैं जियरा जो फड़फड़ाया ॥5॥

आती नहीं है निदिया बेचैन सी लगी है।
गिरने लगे हैं पत्ते रातों में सरसराया ॥6॥

कैसे भला बताएं हालात अपनी "शेखर"।
विरहन बसंत हिय में धर अश्क है बहाया ॥7॥

उपहार होली में

दिया उसने बड़ा उपहार अब की बार होली में।
उतरकर आँख में उनके किया जब प्यार होली में ॥1॥

चली थी तीर सी नज़रें यकायक चीर ही डाला।
मिली जब आँख से आँखें हुई थी चार होली में ॥2॥

वही रंगत वही सुरताल गीतों का सरारारा।
मगर ऐसा नहीं देखा कभी इज़हार होली में ॥3॥

मिला मौका बड़े अरमान लेकर आ रहा महफ़िल।
पुते मुखड़े छुपाकर के किया मनुहार होली में ॥4॥

मुहब्बत का मिला सौगात यारों को मचलने का।
न रुकता है किसी से ये नशा बौछार होली में ॥5॥

नहीं कोई यहाँ गोरे दिखे सब ही ज़रा काले।
सभी के साम्य का अभिलेख का इकरार होली में ॥6॥

बुराई को जला देवें सभी मिलकर रहें "शेखर"।
इसी तासीर को ले चल ज़रा उपहार होली में ॥7॥

मलिनता को मिटा देंगे होली में

ख़ुशी के पल हमारे दिल में होली का नज़ारा है,
समां जो है यहाँ पर तो बहारो का पसारा है ॥1॥

चले आओ उमंगो को नगाड़ों ने बुलाया तो,
कि होली में बहानों से दिवानों को उतारा है ॥2॥

नए सृजन के रास्ते पर चलने के इरादे से,
किया मस्ती भरा आगाज़ रग रग ने पुकारा है ॥3॥

दिलो में जो उठा है जोश वीरों सा सजाने को,
चमन में आज ऐसी ही ख़ुशी ने रंग निखारा है ॥4॥

सभी मिलकर जला देंगे यहाँ "शेखर" जो होली में,
बुराई को मलिनता को हटा देंगे इशारा है ॥5॥

जरा लौटो मुहब्बत पर सुहाने

कसर छोड़ा न आँखों को भिगाने।
न आया आज तक रिश्ता निभाने ॥1॥

बड़ी मनहूसियत का दौर है ये।
लगा हर आदमी खुद को सताने ॥2॥

कहाँ गुम हो गया दिन वो हमारा।
सभी मिल बाँट गाते थे तराने ॥3॥

समय का मोड़ ले आया कहाँ तक।
सभी रिश्ते रहा केवल बताने ॥4॥

तरक़्क़ी कर रही दुनिया किधर है।
न कोई वक़्त खुशियों को मनाने ॥5॥

मशीनों सा बना ख़ुद को रहा है।
ज़रा लौटो मुहब्बत पर सुहाने ॥6॥

चलें मिलकर उसी रस्ते हमेशा।
जहाँ पर राह मिलता हो हँसाने ॥7॥

शीतकाल का ये मंजर है

गुमसुम बैठा आज शहर है।
देखो आया शीतलहर है ||1||

सूनी सूनी लगती सड़कें।
दुबके सारे घर अंदर है ||2||

सूरज भोला बनकर आया।
धूप बांटता जादूगर है ||3||

ठंडे पानी मे डूब नहा।
लगता भैया बाज़ीगर है ||4||

शाल बेचते घूम रहे हैं।
गली गली में सौदागर है ||5||

घर मे बैठी छील रही है।
दादी नानी हरा मटर है ॥6॥

बना सको तो बना हि डालो।
सेहत अपनी खा गाजर है ॥7॥

हँसी ठिठोली भाभी देवर।
करते घर मे बन शायर है ॥8॥

सैर सपाटा "शेखर" निकले।
शीतकाल का ये मंज़र है ॥9॥

३. देश-धर्म

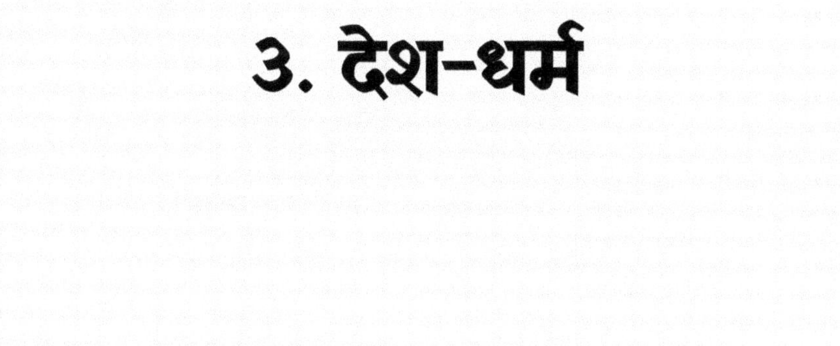

बना ही लेंगे फलक पे ज़ीना

हमें सभी कुछ यहीं मिला है, वतन के खातिर लुटा भी देना।
न पांव पीछे हटे ज़रा भी, सुराज लाकर दिखा भी देना ॥1॥

जनम लिए हैं जमीं जहाँ की, वहां के कर्जे उतारने हैं।
करेगी दुनिया गुमान हमपर, यही समझकर भुना भी देना ॥2॥

कभी न रूठें मना लें सब को, सभी यहां पर हैं भाई भाई।
हरेक दिल में रहे मुहब्बत, दिए सा रोशन सजा भी देना ॥3॥

ख़ुशी से चहके धरा हमारी, नया सबेरा यहां निराला।
गरीब का हो नया ज़माना, ये खूबसूरत दुआ भी देना ॥4॥

उतार लेंगे इसी धरा पर, छुपा हुआ है जहाँ भी जन्नत।
जरा सी कोशिश सभी करेंगे, ज़रा सा अपना दिखा भी देना ॥5॥

सभी सुमति से चलें बराबर, मिलेगी मंजिल न दूर ज्यादा।
बना ही लेंगे फ़लक पे ज़ीना, कठिन इबारत जला भी देना ॥6॥

न कोई तल्ला बचा रहेगा, दुरूह दुर्गम जहाँ पे "शेखर"।
विजय पताका लिए घूमेंगे, सभी जगत में बता भी देना ॥7॥

माटी में चंदन की ख़ुशबू

देखो जाकर इस दुनिया में कितने मंजर बिखरे हैं।
ये जो अपनी भारत माता पग पग रहबर बिखरे हैं ।।1।।

माटी के हर कण कण में बस चंदन की खुशबू है आती।
हर पत्थर पर शिव की मूरत ऐसे कंकर बिखरे हैं ।।2।।

दिल के कितने सच्चे प्यारे हर बाला में है राधा।
हर बेटा मोहन सा प्यारा इसमें दिलबर बिखरे हैं ।।3।।

ये धरती है जन्नत जैसी शीतल फैली है छाया।
इसके हर कोने में कितने सुंदर निर्झर बिखरे हैं ।।4।।

खानों के अंदर रत्नभरे अमृत सा मीठा पानी।
सागर तल के गहराई में छिप कर गौहर बिखरे हैं ।।5।।

क्यारी क्यारी सोना उगते चाँदी सी इसकी रातें।
हलधर के कंधे पर गौरव देखो सीकर बिखरे हैं ।।6।।

सूरज निकाला आज़ादी का छाया है उजियारा अब।
देखो "शेखर" दुनिया भर में प्यारे अख्तर बिखरे हैं ।।7।।

मुल्क से इश्क

इश्क के दौरान मत बहका करो ।
बंदगी है ये सदा महका करो ।।1।।

क्यों हुए बदनाम आखिर इश्क में ।
रखना नीयत साफ मत गंदा करो ।।2।।

बेगुनाहों को सज़ा मिलती है क्यों ।
सौ टके की बात है देखा करो ।।3।।

आए दिन जो मुल्क में दंगा करे ।
है मदारी कौन ये पीछा करो ।।4।।

लड़ सके मैदान में हर आम जन ।
ये हुनर हर हाल में पैदा करो ।।5।।

इंकलाबी की ज़रूरत है अभी।
हो कलम में धार ये कुनबा करो ॥6॥

मजहबों को है ज़रूरत बोध की।
मानुषिकता है बड़ा ऊंचा करो ॥7॥

जो न करते हैं वफ़ा खुद मुल्क से।
उन फसादी को डरा रोका करो ॥8॥

राह "शेखर" इश्क का आसां नहीं।
जॉ लुटा दें देश पर ऐसा करो ॥9॥

जो देश के खातिर जीता है

जो देश के खातिर जीता है, जो देश के खातिर मरता है।
वह धन्य सपूत है इस जग में, बलिदान स्वयं को करता है॥

(1)
पर पीड़ा को जो भाँप सहज, छलके जिसमें करुणा सागर।
उनके ही उर में बसता है, अनुराग सुधा रस का गागर॥
नीलकंठ भोले सा जो, संताप जगत का हरता है।
वह धन्य सपूत है इस जग में, बलिदान स्वयं को करता है॥

(2)
जो त्याग किया निज जीवन का, जनहित में खुद अर्पण करके।
वह चरण ईश सा है प्रणम्य, आवाम ऋणी ऐसे नर के॥
वह दधीचि सा मानव हित, हिफाज़त में आँहें भरता है।
वह धन्य सपूत है इस जग में, बलिदान स्वयं को करता है॥

(3)

सदाचार भागीरथ सा है, परहित त्याग तपस्या जिनकी।
धार जटा निज गंगधार को, शिव सा जटिल साधना जिनकी॥
व्यवधानों का रुख बदल दे, तूफानों से न डरता है।
वह धन्य सपूत है इस जग में, बलिदान स्वयं को करता है॥

(4)

वह लक्ष्मण सा वीर अपरिमित, निगहबान चौकस सीमा पर।
पवन पुत्र सा आतुर सेवक, विद्युत सा रण पर आयुध धर॥
हर आँखों पर सपने बोने, खुद जगकर धीरज धरता है।
वह धन्य सपूत है इस जग में, बलिदान स्वयं को करता है॥

(5)

जनता के हित को ही जिसने, अपना हितकारक मान लिया।
धरती के कण कण में मिलना, सौभाग्य समझ कर जान दिया॥
विरले ही होते हैं जग में, अमर भवसागर तरता है।
वह धन्य सपूत है इस जग में, बलिदान स्वयं को करता है॥

गणतंत्र

जो देश के लिए लड़े जवान दरमियान है।
अनेक वीर हो गए शहीद कीर्तिमान है ।।1।।

लहू बहा चले गए कमान सौंपते हुए।
पुकारती धरा उसे वसुंधरा की शान है ।।2।।

सपूत चक्र नील में दहाड़ शेर सा रहे।
हरा तिरंग श्वेत ज़ाफ़रान स्वाभिमान है ।।3।।

सुहाग दान दे रहे पिता सपूत सौंपता।
सुभाग माँ लुटा रही ललाट पे उफान है ।।4।।

जमीन रत्न से भरी महान शूर है जनी।
अजेय शीश रोपते जहान में गुमान है ।।5।।

चिराग जो जला गए महान देश के लिए।
अजर अमर अखंड देश का हुआ विधान है ।।6।।

अखंड देश में सदा मिशाल एकता रहे।
अनेक रूप रंग में जम्हूरियत महान है ।।7।।

माँ तुझे सलाम!

जय जय कार हुई है जग में, भारत माता तुझे सलाम।
तीन रंगों में ध्वज फहरा है, श्वेत केसरी हरित ललाम ॥1॥

केशरिया से साहस बरसे, त्याग एकता अरु बलिदान।
श्वेत रंग में रचा बसा है, बोध शांति शुचिता अरमान ॥2॥

हरा रंग है उर्वरता का, खुशहाली का लिए उड़ान।
नील गगन में फहराता है, सागर के सम लिए उफ़ान ॥3॥

ध्वज के बीच में चक्र सुदर्शन, नीला रंग बड़ा ही शान।
रण में सैनिक सजकर निकले, तूफानों सा लिए कमान ॥4॥

अशोक चक्र में चौबिस तीली, धर्मचक्र का है पैगाम।
चौबिस घंटे सतत सत्य पर, चलते रहना है अविराम ॥5॥

वीरों की कुर्बानी से ही, धरती माता हुई निहाल।
और नहीं जग में दूजा है, इससे अच्छा और मिसाल ॥6॥

आज़ादी की खुली हवा में, लेकर चलते एक मसाल।
हर घर मे हो रौनक ऐसे, भाई चारा रहे कमाल ॥7॥

सौ जनम भी देश पर कुर्बान है

जो न आया देश हित मे काम वो बेजान है।
ये हमारी जिंदगानी सैकड़ों बलिदान है ॥1॥

हम सजा दें भाल इसका शान है संसार मे।
विश्व अनुयायी बने बस इक यही अरमान है ॥2॥

बाइबिल गीता गुरुवाणी सभी मिलकर पढ़ें।
मंदिरों की घंटियों में भी सुनें कुरआन है ॥3॥

है सभी मे वास उनका पर नहीं क्यों एकता।
बात छोटी सी मगर क्यो बन रहे अंजान है ॥4॥

हर दिशाएं गा रही हैं गान उस गुणवान का।
हर किसी के सांस में वो हर जगह गतिमान है ॥5॥

है यहाँ पर दीप उत्सव क्रिसमस है ईद सा।
हम रहेंगे एक होकर यह रहा ऐलान है ॥6॥

हर जनम "शेखर" यहाँ पर शान से मिलता रहे।
एक तो क्या सौ जनम भी देश पर कुर्बान है ॥7॥

फ़ौलादी बाहों वाले

कितनी बार मुसीबत आई हिम्मत हार डिगाने में।
हम तो सीना ताने बैठे पर्वत से टकराने में ।।1।।

तूफानों से टक्कर लेंगे रुख मोड़ेंगे आँधी का।
जितना दम है जोर लगा ले भेजेंगे तहखाने में ।।2।।

चट्टानों ने राहें रोकी अब ये हाथ हथौड़ा है।
कोई मौका छोड़ेंगे क्यों जौहर खास दिखाने में ।।3।।

अपनी ताकत हरदम है ये शेरों सा हिम्मत वाला।
भारत माँ के गौरवशाली बेटे उसे सजाने में ।।4।।

सीमाओं पर पहरा देते फौलादी बाहों वाले।
खामोशी से आगे बढ़कर दुश्मन मार ठिकाने में ।।5।।

ये सेना जाबांज़ हमारी इस पर हमको शान रहा।
जिसकी नज़रे टेढ़ी रहती वो तो रहा निशाने में ।।6।।

हम भारत के सच्चे वासी इस पर जां तो कुर्बा है।
रग रग में माँ का खूँ "शेखर" गौरव इसे बहाने में ।।7।।

देश मेरा महान

देश मेरा महान है प्यारे ।
मुझको इसपर गुमान है प्यारे ।।1।।

साथ चलते सभी मसीहाई ।
मस्त गीता कुरान है प्यारे ।।2।।

रोशनी मुल्क में दिखाई दी ।
पंख फैला उड़ान है प्यारे ।।3।।

वेशभूषा अलग सभी का है ।
प्यार का इक वितान है प्यारे ।।4।।

जातिभाषा अनेक है फिर भी ।
एकता का हुक्म जान है प्यारे ।।5।।

जंग जारी यही हमारी भी ।
लेखनी पायदान है प्यारे ।।6।।

तेज तूफ़ान सा यहाँ "शेखर" ।
आ रहा नव विहान है प्यारे ।।7।।

एकता दिल में जगाना चाहिए

देश ख़ातिर सर उठाना चाहिए।
फ़र्ज़ अपना तो निभाना चाहिए ।।1।।

काम ऐसा हो जहाँ भर में सदा।
प्यार का दीपक जलाना चाहिए ।।2।।

आँसुओं की धार बहती आँख से।
उन गरीबों को हँसाना चाहिए ।।3।।

चोरियां होती बहुत है रात दिन।
कर सको तो दिल चुराना चाहिए ।।4।।

हैं बड़े ज़ालिम यहाँ पर लोग भी।
प्यार से सबको रिझाना चाहिए ।।5।।

धर्म भाषा पर मिलेंगे बाँटते।
एकता दिल मे जगाना चाहिए ।।6।।

हम चलेंगे साथ "शेखर" एक हो।
ख़्वाब ऊँचा ले खज़ाना चाहिए ।।7।।

देश के लिए लड़ना जरूर आता

कोशिश किया अगर तो चलना ज़रूर आता।
मौके हज़ार ऐसे उठना ज़रूर आता ।।1।।

ये जिंदगी सफ़र है हरवक्त में नयापन।
मिलते रहे मुसाफिर अपना ज़रूर आता ।।2।।

हम खोज कर रहे हैं आयुध सभी तरह के।
पर साथ ही हमें भी फलना ज़रूर आता ।।3।।

जाबाज़ हैं हमारे सैनिक जवान ऐसा।
ललकार दुश्मनों को दलना ज़रूर आता ।।4।।

गुरुकुल में बैठ देते ऐसा सबक सभी को।
मज़बूत देश खातिर जलना ज़रूर आता ।।5।।

खेतों को सींच कर देता खून सा पसीना।
जन जन के पेट भरने गलना ज़रूर आता ।।6।।

सौ बार आज़माना मुश्किल घड़ी में "शेखर"।
है देश के लिए अब लड़ना ज़रूर आता ।।7।।

सदा एक ही हम रहेंगे सभी

जहाँ भर में देखो बड़ी शान है।
तिरंगा हमारा दिलोजान है ।।1।।

ये झंडा उठा कर रखेंगे सभी।
हो आगे जहाँ में ये अरमान है ।।2।।

अगर लूँ जनम फिर इसी भूमि पर।
कहें लोग भारत की संतान है ।।3।।

बड़े ही जतन से सजाया इसे।
जनम एक क्या सौ भी कुर्बान है ।।4।।

ये धरती ये अम्बर तिरंगा मुझे।
यहाँ की नदी पर भी अभिमान है ।।5।।

बड़ी दूर तक फैलती है खबर।
यहाँ की तरक्की का सोपान है ।।6।।

सदा एक ही हम रहेंगे सभी।
न झगड़े नहीं तो ये नुकसान है ।।7।।

लड़ाते यहाँ पर अलग ढंग से।
सियासत रहम कर ये आव्हान है ।।8।।

हुई आज जनता बड़ी जागरुक।
पलटती ये सरताज अनुमान है ।।9।।

मुकम्मल दुआएं दिए जा

बड़ी चोट खाई दवाएँ दिए जा।
मेरे पास आकर सदाएँ दिए जा ।।1।।

न हारूँ कभी भी ए मालिक जहाँ में।
लड़ूंगा मैं हरदम ज़फाएँ दिए जा ।।2।।

जहाँ तक चलेंगे कमर कस रहेंगे।
परखना हमे मत वफ़ाएँ दिए जा ।।3।।

बड़ी दूर फैले ये शुहरत हमारी।
खुदा के करम में हवाएँ दिए जा ।।4।।

करें देश खातिर बड़े काम सुंदर।
वो ऐसा हुनर दे अदाएँ दिए जा ।।5।।

सदा दूर तक हो इरादा तरक्की।
हो मंगल की बारिश घटाएँ दिए जा ।।6।।

सभी लोग मिलकर रहें साथ "शेखर"।
खुदा अब मुकम्मल दुआएं दिए जा ।।7।।

जहां पर किसी दिन हुकूमत करेंगे

हमारा वतन है हिफाज़त करेंगे।
दिलोजान देकर इबादत करेंगे ।।1।।

नही कोई शिकवा रहा अब किसी से।
सभी लोग मिलकर मुहब्बत करेंगे ।।2।।

चले जा रहे हैं तरक्की जिधर है।
भला क्यों ठहरकर शिकायत करेंगे ।।3।।

किसी ने उठाई बुरी आँख हम पर।
सभी एक हैं हम खिलाफत करेंगे ।।4।।

बड़ी तेज रफ़्तार से चल पड़े हैं।
धरा पर सरग की तो चाहत करेंगे ।।5।।

लड़ेंगे सदा हम सभी भाई मिलकर।
पता है मोहब्बत निहायत करेंगे ।।6।।

कभी थी हमारी वतन सोन चिड़िया।
जहाँ पर किसी दिन हुकूमत करेंगे ।।7।।

चिंगारियां ग़ज़ल में

परवरदिगार की है परछाइयां ग़ज़ल में।
सारे जहांन की सब रानाइयाँ ग़ज़ल में ॥1॥

मद से भरी हैं आँखे काज़ल लगी हुई है।
है जाम ये पुराना मदहोशियाँ ग़ज़ल में ॥2॥

मिलते थे सामने में आंखों में चाहतें थीं।
दूरी बढ़ी हमारी सरगोशियां ग़ज़ल में ॥3॥

कैसी थी उनकी बातें मिसरी घुली डली सी।
रोकर बता दिया उनकी अर्जियां ग़ज़ल में ॥4॥

वो कौन सी घड़ी जब देखे सुहाने सपने।
जाने के बाद उनके तन्हाइयां ग़ज़ल में ॥5॥

डरते नहीं किसी से चौपाल में बुला लें।
बेदर्द है ज़माना रुसवाईयाँ ग़ज़ल में ।।6।।

अब सावधान हो जाओ देश के जवानों।
आफ़त में जूझती हैं मिल बेटियाँ ग़ज़ल में ।।7।।

जांबाज़ साथियों से इक बार है गुज़ारिश।
आवाम को ज़रूरत चिंगारियाँ ग़ज़ल में ।।8।।

कब तक लिखेगा "शेखर" कमनीय सी कमर पर।
बाँहें उठाए बैठी दुश्वारियाँ ग़ज़ल में ।।9।।

नहीं कोई बंदा बड़ा है वतन से

हमे एक रहना बताते रहेंगे।
सही राह को हम दिखाते रहेंगे ।।1।।

चलेंगे सभी साथ मिलकर जहाँ में।
तराने खुशी के सुनाते रहेंगे ।।2।।

सभी मिल रहेंगे हमेशा धरा पर।
मुहब्बत यहाँ पर निभाते रहेंगे ।।3।।

उजाला रहे हर घरों में दया का।
खुदा को हमेशा रिझाते रहेंगे ।।4।।

हटाते रहेंगे अँधेरा जुगत से।
चराग़ों को मिल के जलाते रहेंगे ।।5।।

यहाँ संत ज्ञानी सदा से रहे हैं।
बताए उसी के चलाते रहेंगे ।।6।।

न हो भेद कोई कभी भी किसी से।
गले हम सभी से मिलाते रहेंगे ।।7।।

नहीं कोई बंदा बड़ा है वतन से।
सबक एकता का पढ़ाते रहेंगे ।।8।।

यहाँ कौन है जो न ऋणी धरा का।
निभा फ़र्ज़ "शेखर" चुकाते रहेंगे ।।9।।

दुश्मनों पर ज़रा नज़र रखना

चाहते देश बेहतर रखना।
दुश्मनों पर ज़रा नज़र रखना ॥1॥

पार सरहद लगा रहे पहरा।
चौकसी पर न कुछ कसर रखना ॥2॥

दुश्मनों की कमी नहीं कुछ भी।
घर के अंदर भी अब खबर रखना ॥3॥

साँप आस्तीन में लगे छुपने।
हर समय चौकसी बशर रखना ॥4॥

तोड़ने में लगे यहाँ हर दम।
मज़हबी ख़ौफ़ को सिफर रखना ॥5॥

जॉ दिए हैं हमीं यहां पर तो।
वो शहादत निशां अमर रखना ॥6॥

हौसलों से मिली जो आज़ादी।
हर हमेशा वही लहर रखना ॥7॥

चाक चौबंद हर घड़ी रहना।
चाहते हो न रहगुज़र रखना ॥8॥

चाहते हैं सभी खुशी "शेखर"।
याद रखना बड़ा जिगर रखना ॥9॥

तरक्की दो गुना होगा

हमे सारे जहाँ भर के भरम को तोड़ना होगा।
हमेशा एक दूजे को मिशन से जोड़ना होगा ।।1।।

चलेंगे मिल सहारे से तरक्की के कदम धर कर।
जुडो तो खुद दिखाई दे बड़ा ये सिलसिला होगा ।।2।।

हज़ारो मील तय होता निकलता जब कदम पहला।
बढ़ाकर हौसला रखना सरल ये रास्ता होगा ।।3।।

मुहब्बत से मिलें बढ़कर हमारे देश के वासी।
ज़माने को दिखा देंगे तरक्की दो गुना होगा ।।4।।

नहीं लड़ना किसी भी बात रंजिश में यहाँ मज़हब।
रखो ये याद बचपन से सियासत खोखला होगा ।।5।।

गया जो फ़ौज में लड़ने हमारे ही हिफाज़त में।
किसी की जान है वो तो किसी का लाडला होगा ।।6।।

ज़रा सी भूल पर हरगिज़ किसी पर वार मत करना।
सुधारेंगे मुहब्बत से नहीं तो फासला होगा ॥7॥

हिदायत दो किसी को बदतमीजी पर करीने से।
सुधर जाए तो अच्छा है तुम्हारा फैसला होगा ॥8॥

गया परदेश साजन है बड़ा ज़ुल्मी हुआ सैया।
हुआ दस्तक कभी दर पर लगा अब डाकिया होगा ॥9॥

किफायत में नहीं मिलता यहां कुछ भी मुहब्बत में।
लुटा सब कुछ मिले गर तो दिलों को तोहफ़ा होगा ॥10॥

मिला रुतबा दिखाता रौब लोगों पर बड़ा साहब।
कराता है उसे जो कुछ उसी का ओहदा होगा ॥11॥

बड़ी मुश्किल से सपना हो रहा पूरा यहाँ पर तो।
किया होगा बड़ी मेहनत बड़ा ही रतजगा होगा ॥12॥

कसावट ला सके कोई लचर आज़ाद बंदों पर।
कहाँ वो रहनुमा छुप के मिले तो शुक्रिया होगा ॥13॥

नहीं वो दूर दिन "शेखर" नए रस्ते इजाफ़त के।
सफाई हो पुरानी सोच फिर से तौलना होगा ॥14॥

राष्ट्रीय एकता

चाहने से हो रहा सब कुछ सजाकर रख दिए।
हौसले के साथ जैसे ला दिवाकर रख दिए ।।1।।

रोशनी मिलती गई फौलाद सी बाँहे रही।
दीप ये आज़ाद भारत मे जलाकर रख दिए ।।2।।

हम बढ़ेंगे साथ मिलकर ले चलें सद्भावना।
रात भी रोशन हुआ अब तो सुधाकर रख दिए ।।3।।

सो रही थी मौन जनता ज्ञान से थे दूर जो।
पाठशाला जा रहे अब तो उठाकर रख दिए ।।4।।

मज़हबी भड़काव में हम आ नहीं सकते कभी।
आपसी मतभेद को हम तो भुलाकर रख दिए ।।5।।

हम सभी भाई यहां हर कौम के हैं साथ में।
अब मुहब्बत के तराने गा सुनाकर रख दिए ।।6।।

ये अनोखा देश अपना शान है संसार का।
राह केवल प्रेम का "शेखर" सुझाकर रख दिए ।।7।।

शहीदों की शहादत

नही आया हमारे घर मग़र पैग़ाम तो आया,
चराग़े मुल्क दीवानों के करतब काम तो आया ॥1॥

शहादत की कहानी यूँ नहीं होगी अकारथ ही,
हमारे देश का गौरव यहाँ इतमाम* तो आया ॥2॥

सलामी है जवानों को जिन्होंने देश के खातिर,
लुटाकर सब वतन के वासते इकराम* तो आया ॥3॥

सदा से ही लुटाएंगे जवानी की अदाओं को,
यहाँ पर तो हमेशा ही सही अंजाम तो आया ॥4॥

हमारे जोश हरदम ही शबाबों पर सदा रहते,
यही इक शान के कारण हमे इहलाम* तो आया ॥5॥

*इतमाम = पूरा करने का भाव,
*इकराम = कृपा करने का भाव,
*इहलाम = ईश्वर की ओर से बात दिल में डालना।

जम्हूरियत

जिस के सारी दुनिया पर इख़्तियार होते हैं,
काम उस अताई के यादगार होते हैं ॥1॥

डूबते हुए सूरज को सलाम करना क्या,
चढ़ते आफ़ताबों पर सब निसार होते हैं ॥2॥

ये निज़ामे - जम्हूरी की है देन कि क़ाएद,
इंतिख़ाब आने पर पेशकार होते हैं ॥3॥

दरबदर भटकते हैं रात दिन लुभाने को,
जीत मिल गई तो फिर बुर्दबार होते हैं ॥4॥

काम तो मिला सेवा का मगर नवाबी है,
मानकर खुदा खुद को ताजदार होते हैं ॥5॥

बंदिशें ज़रूरी हैं क़ाएदा बनाने में,
साथ तब हुकूमत के ऐतबार होते हैं ।।6।।

फिर भी जी ही लेते हैं जैसे तैसे हम "शेखर"।
ज़िन्दगी में ग़म बेशक बेशुमार होते हैं ।।7।।

आरज़ू = इच्छा, कामना, अभिलाषा।

इख्तियार = काबू, नियंत्रण।

अताई = वह व्यक्ति जो बिना किसी के सिखाए देखभाल कर ही किसी काम को सीख ले।

आबदार = चमकदार, धारदार।

सल्तनत = साम्राज्य, बादशाहत, शासन, हुकूमत।

जम्हूरियत = लोकतंत्र, जनतंत्र, प्रजातंत्र।

इंतखाब = चुनाव, निर्वाचन।

पेशकार = पेश करने वाला।

बेकरार = बेचैन, उत्सुक।

हुकूमत = शासन, राज्य, अधिकार, प्रभुत्व।

ऐतबार = भरोसा, यकीन।

बेशुमार = बेहिसाब।

शहीदों की यादें

बड़े ही शान से तुमको यहां पर याद करते हैं।
तुम्हारे राह पर चलने को हम फ़रियाद करते हैं ।।1।।

किया खुद को यहां कुर्बान फौलादी जवां थे वो।
उसी बुनियाद पर चल कर सभी मरजाद करते हैं ।।2।।

करेंगे हम वही जो काम सपना था शहीदों का।
लड़ेंगे जंग उस ताकत से जो बर्बाद करते हैं ।।3।।

वो ताकत है दिया जिसने हमें आज़ाद भारत को।
उसी के नाम पर सारे वतन बुनियाद करते हैं ।।4।।

हमारी एकता के सामने टिकना बहुत मुश्किल।
यही वो बात है हम को सदा आबाद करते हैं ।।5।।

हमारे पास दुनिया को दिखाने की ये ताकत है।
बड़ी सबसे यहां जम्हूरियत ईज़ाद करते हैं ।।6।।

अमन का चैन का सौदा नहीं करते किसी से हम।
कभी लड़ना पड़ा "शेखर" तो हम फिर बाद करते हैं ।।7।।

आराम नहीं हरगिज़

ये देश मेरा ऐसा रिश्तों को निभाता है।
हर आँख लिए सपने सरकार सजाता है ।।1।।

जाबाज़ शहीदों ने बुनियाद रखी इसकी।
हम साथ चलेंगे मिलकर आस जगाता है ।।2।।

आराम नहीं हरगिज़ जब तक न सुशासन हो।
ये काम बड़ा मुश्किल हमको ये सताता है ।।3।।

कुछ लोग रहे ऐसे घर लूट लिए शायद।
घर के ही चिरागों से घर आग लगाता है ।।4।।

आसान नहीं इतना बेकार मुहब्बत में।
ऐसे भी कोई मातम क्या यार मनाता है ।।5।।

बड़ा ज़िगर रखना

चाहते देश बेहतर रखना।
दुश्मनों पर ज़रा नज़र रखना ।।1।।

पार सरहद लगा रहे पहरा।
चौकसी पर न कुछ कसर रखना ।।2।।

दुश्मनों की कमी नहीं कुछ भी।
घर के अंदर भी अब खबर रखना ।।3।।

साँप आस्तीन में लगे छुपने।
हर समय चौकसी बशर रखना ।।4।।

तोड़ने में लगे यहाँ हरदम।
मज़हबी ख़ौफ़ को सिफर रखना ।।5।।

जॉ दिए हैं हमीं यहां पर तो।
वो शहादत निशां अमर रखना ।।6।।

हौसलों से मिली जो आज़ादी।
हर हमेशा वही लहर रखना ।।7।।

चाक चौबंद हर घड़ी रहना।
चाहते हो न रहगुज़र रखना ।।8।।

चाहते हैं सभी खुशी "शेखर"।
याद रखना बड़ा जिगर रखना ।।9।।

फ़र्ज़ चुकाते रहेंगे

हमे एक रहना बताते रहेंगे।
सही राह को हम दिखाते रहेंगे ।।1।।

चलेंगे सभी साथ मिलकर जहाँ में।
तराने खुशी के सुनाते रहेंगे ।।2।।

सभी मिल रहेंगे हमेशा धरा पर।
मुहब्बत यहाँ पर निभाते रहेंगे ।।3।।

उजाला रहे हर घरों में दया का।
खुदा को हमेशा रिझाते रहेंगे ।।4।।

हटाते रहेंगे अँधेरा जुगत से।
चराग़ों को मिल के जलाते रहेंगे ।।5।।

यहाँ संत ज्ञानी सदा से रहे हैं।
बताए उसी के चलाते रहेंगे ।।6।।

न हो भेद कोई कभी भी किसी से।
गले हम सभी से मिलाते रहेंगे ।।7।।

नहीं कोई बंदा बड़ा है वतन से।
सबक एकता का पढ़ाते रहेंगे ।।8।।

यहाँ कौन है जो न ऋणी धरा का।
निभा फ़र्ज़ "शेखर" चुकाते रहेंगे ।।9।।

आन बान हूं

समझो अगर मुझे बड़ा ही मूल्यवान हूँ।
आज़ाद भारतीय तेरा हिन्दोस्तान हूँ ।।1।।

जाबांज़ सैनिकों के लिए शान ही रहा।
आहूति दे गया तो समझ रक्तदान हूँ ।।2।।

परचम फहर रहा समूचे राष्ट्र में जहाँ।
सारा जहान देख रहा स्वाभिमान हूँ ।।3।।

जम्हूरियत हरेक दिलोजान में समा।
आवाम को चला जो रहा प्रावधान हूँ ।।4।।

छा तीन रंग में समा हर देश मे रहा।
पहचान विश्व मे बना वो आन बान हूँ ।।5।।

है हर कदम चुनौती भरा राह सामने।
फौलाद सा उबलता हुआ नौजवान हूँ ।।6।।

गीता कहें कुरान समाया ज़ुबान में।
हर हाल में सुलह "शेखर" इम्तिहान हूँ ।।7।।

प्यारा-भारत

(1)

देश की सेना है दमदार।
कूद पड़ते ले कर हथियार।
शान से लड़ते दे ललकार।
हौसला शेरों सा हुंकार॥

(2)

कठिन हो कितनी ऐसी चाल।
जीतनी बाजी है हर हाल।
राह में आए सौ सौ काल।
फेंक ही डालें सारे जाल॥

(3)

रहे बढ़ तेजी से सब दाम।
नहीं मिल पाता लोगों काम।
रहे पिस दो पाटों जन आम।
जिंदगी में दूभर आराम॥

(4)

आम जनता अब है लाचार।
कीमतों के भंवर का वार।
कठिन है चलना अब घरबार।
गए पड़ फीके हर त्यौहार॥

(5)

ठीक कर हम जीवन की चाल।
चलें ला परिवर्तन के काल।
साफ हों मानव के जंजाल।
तेज से चमके जन के भाल॥

(6)

वेद की बातें सुन दे कान।
देश के खातिर हाजिर जान।
देख पिछड़ों को देवें दान।
सतत बढ़ जाते सब का मान॥

शहादत के लिए

जान भी हाज़िर हे माँ! तेरी हिफाज़त के लिए।
है नमन सौ सौ शहीदों की शहादत के लिए ॥1॥

देश की माटी हमारी शान चंदन की तरह।
सर कटा सकते यहाँ इसके इनायत के लिए ॥2॥

सरहदों पर जो लड़े वापस नहीं लौटे कभी।
उनकी कुर्बानी अमर है क़ौम की इज्ज़त के लिए ॥3॥

हम नहीं करते ख़िलाफ़त अपने वादों से कभी।
आग के मानिंद हैं नापाक हरकत के लिए ॥4॥

वक़्त ने मांगा लहू तो हँस के दे दी जान भी।
वर्दियां सूनी नहीं है मुल्क की हिम्मत के लिए ॥5॥

बैरी की हर चाल पर अब वार पलटेगा नहीं।
खून में लावा है मां अब तेरी गैरत के लिए ॥

शांति के हम दूत हैं पर शक्ति के भंडार हैं।
ख़ौलता है खून "शेखर" इस हुकूमत के लिए ॥

नदी पर भी अभिमान है

जहाँ भर में देखो बड़ी शान है।
तिरंगा हमारा दिलोजान है ।।1।।

ये झंडा उठा कर रखेंगे सभी।
हो आगे जहाँ में ये अरमान है ।।2।।

अगर लूँ जनम फिर इसी भूमि पर।
कहें लोग भारत की संतान है ।।3।।

बड़े ही जतन से सजाया इसे।
जनम एक क्या सौ भी कुर्बान है ।।4।।

ये धरती ये अम्बर तिरंगा मुझे।
यहाँ की नदी पर भी अभिमान है ।।5।।

हौसले की बुनियाद

सागर तेरी लहरों ने ख़बरदार कर दिया,
हौसले की बुनियाद ने हथियार कर दिया ॥1॥

ख़बर थी कि मेरी कश्ती ख़राब है,
हिम्मत मेरा तौल के जोरदार कर दिया ॥2॥

इरादों को तौलता था बाजुओं मे रख के,
तुम्हारी शंकाओ ने मुझे वफादार कर दिया ॥3॥

पता चला आवाम को जरूरत है मेरी,
समंदर के तूफ़ानों ने फौजदार कर दिया ॥4॥

जागीर का मालिक हुआ करता था कभी,
वक़्त ने बाट के हमें हिस्सेदार कर दिया ॥5॥

सुना है सिरफिरे ने आवाम के खिलाफ लगाये नारे,
तब से अपने आप को पहरेदार कर दिया ॥6॥

देशभक्ति पूर्ण गीत

जवानी व्यर्थ में गवानी नही है।
नही जोश जिसमे जवानी नही है।

तुम्हे देश में जगानी चेतना है।
तुम्हे देश की हर दशा देखना है।
तुम्हे दुश्मनो को वही रोकना है।
तुम्हे अपनी ताकत को झोंकना है ॥1॥

खतरों से लड़ना यही रास्ता है।
रगों का गर्म रक्त पानी नहीं है।

लगी आस भरी सबकी निगाहें।
बढ़ो थाम लो दुखियो की बाहें।
बनाओ तुम्ही अब नए रास्ते।
वतन की तरक़्क़ी के हर वास्ते ॥2॥

तुम्ही इसकी वैभव के हो विजेता।
यहाँ कोई इसकी सानी नही है।

पसीने में तुम्हारे अमृत झरा है।
रगों में तुम्हारे कौशल भरा है।
इसी बल से वतन हरा ही हरा है।
बात सौ टके की खरा ही खरा है ।।3।।

छोड़ जाओ धरा पर तुम्हारी निशानी।
यह व्यर्थ कायरों की कहानी नही है ।।

पैग़ाम-ए शहादत

न आया घर वो लेकिन इक नया पैगाम तो आया।
जलाकर मुल्क की खातिर दिया वो काम तो आया ॥1॥

शहादत बेनतीजा कब हुई है मुल्क की खातिर।
वतन का नाम ऊँचा कर गया इतनाम तो आया ॥2॥

सलामी दे रहे हैं हम शहीदों को वतन वाले।
लुटा कर जान अपनी वो बड़ा इकराम तो आया ॥3॥

सदा कुर्बान होंगे हम जवानी देश के नामे।
हमारे बाद दुनिया में इक अंजाम तो आया ॥4॥

हमारा जोश है जिंदा, जवानी पर सदा "शेखर"।
इसी इक शान के सदके हमें इल्हाम तो आया ॥5॥

*इतनाम = पूरा करने का भाव,
*इकराम = कृपा करने का भाव,
*इल्हाम =ईश्वर की ओर से बात दिल में डालना

जाम उल्फ़त की पिलाते हैं

राह नफ़रत की चलो मिल कर मिटाते हैं।
जाम उल्फ़त का चलो सबको पिलाते हैं ॥1॥

रात काली है मगर अब सुब्ह आते हैं।
रोशनी की आरज़ू दिल में सजाते हैं ॥2॥

दौर ऐसा भी न आने दें कि झगड़ें हम।
साथ मिल कर लौ बुलंदी की जलाते हैं ॥3॥

ज़ुल्म की जो बदली है छाने लगी सर पर
इत्तेहाद - ए - कौम से उसको हटाते हैं ॥4॥

गौर से देखें तो एका की दवा है सब।
मिल के रहने का हुनर सबको सिखाते हैं ॥5॥

प्यार का पैगाम है ये नाम सब के हक़।
साथ चलने की डगर सब को दिखाते हैं ॥6॥

ज़ुल्म होते हैं मगर सब हम लड़ें मिल कर।
बात "शेखर" की सुनो दिल में बसाते हैं ॥7॥

पुण्य प्रताप की ध्वज पताका

टूटे दिल के तार जोड़ते स्नेह भरे जो हाथों से।
कर्मठता को जोड़ रहे हैं वो विकास की राहों से ।।1।।

मां प्रसन्न हो जाती देखें जब भी वीर जवानों से।
पुण्य प्रताप की ध्वज पताका फहरे इन्हीं दीवानों से ।।2।।

जवानी बातें करते रहती आंधी और तूफानों से।
मौत भी गर हो सामने तो लड़ती वो चट्टानों से ।।3।।

आंखें खोलो देखो कोई घुस न पाए वीरानो से।
छोड़ प्रमाद हो जाओ सजग ये आह्वान जवानों से ।।4।।

सीमा पर जो डटे हुए हैं भारत मां के मतवालों से।
बात "शेखर" की मानो ये जीत मिलेगी बलिदानों से ।।5।।

वतन के सिपाही

वतन के वो सिपाही जो सदा मुस्कुराते हैं,
किसी मौसम में भी हरदम तराने गुनगुनाते हैं ।।1।।

शहादत दे गए जो मुल्क की खातिर वतन पर वो,
किए कुर्बान खुद को हम अदब से सर झुकाते हैं ।।2।।

अमर हैं वे धरा के पूत जिनके गीत गाते हम,
सदा ही शान से उनको वफ़ा से गुनगुनाते हैं ।।3।।

तिरंगा आन है प्यारा वतन का और गौरव भी,
वतन की शान पर हर बार हम सब जां लुटाते हैं ।।4।।

चलो "शेखर" जहाँ तक भी मिले कामयाबी खुद,
जवानों के कदम बढ़कर सदा ही खिलखिलाते हैं ।।5।।

५. समाज-दर्पण

अच्छे दिन

सियासत के नुमाइंदे, नए सपने दिखाता है।
हकीकत से जुदा करने, कई वादे सुनाता है ।।1।।

कभी मज़हब की बातों पर, कि मुद्दों को हवा देकर।
बिचारी मूक सी जनता, को लड़ना भी सिखाता है ।।2।।

हुई महँगी सभी चीजें, हुआ दुश्वार जीना अब।
मगर वो कौन बंदा है, सुशासन को गिनाता है ।।3।।

कई मुद्दे गरीबों के, लचर बेरोजगारी से।
सभी के हाथ खाली हैं, न मुफ़लिस को सुहाता है ।।4।।

दिलाने का बड़ा वादा, सभी के वास्ते दिन अच्छे।
न मिल पाया किसी को भी, बुरा खिचड़ी पकाता है ।।5।।

सभी युवकों के हाथों को, मिले जब काम का तोहफा।
कहाँ है वो सही इंसां, शमा हर दिल जलाता है ।।6।।

नया कोई जो ऐसा हो, कि रॉबिनहुड बने "शेखर"।
गरीबों के लिए लड़ता, सभी को हक़ दिलाता है ।।7।।

कोविड

वो कौन सी बयार है, चली इधर पता नहीं।
कि लोग दूर हो गए, किसी से भी गिला नहीं ॥1॥

समस्त विश्व खोज में, लगा हुआ बचाव में।
छुपे हुए डरे हुए, समूह का दवा नहीं ॥2॥

नियति नटी सुशांत है, सुगंध वात चल रही।
सु-नीर बह रही नदी, अशांत वन लगा नहीं ॥3॥

कुलांच भर रहे सभी, समस्त जीवजंतु हैं।
लगा उसे सुगम यहां, मकाँ कभी मिला नहीं ॥4॥

दिया हमें विचारने, सुशांत हो सुधारने।
कहीं बड़ा गुनाह तो, निसर्ग से किया नहीं ॥5॥

न चर अचर को दर्द है, मगर समूह है डरा।
कहीं तो ज्यादती हुई, इसीलिए दुआ नहीं ॥6॥

चलें हरिक कदम सदा, करें दया सजीव पर।
विधान खानपान पर, सुनीत तो दिखा नहीं ॥7॥

परम् पिता सिखा रहे, जहान को बदल नया।
सुबह नई किरण लिए, वो रास्ता बना नहीं ॥8॥

चुनौतियां मिले हमें, निराश हो नहीं रहे।
विकास की तरफ कदम, जो बढ़ गए रुका नहीं ॥9॥

समसामयिक

बड़ा लाभ किनको दिया जा रहा है।
क्या काबिल उसी को लिया जा रहा है ॥1॥

जहाँ भर की दौलत लुटाया कहीं पर।
अज़ीयत किसी पर किया जा रहा है ॥2॥

बड़े ही कठिन दौर से हम गुजरते।
बताएं ये कैसे जिया जा रहा है ॥3॥

पढ़े लोग बे-रोजगारी सहेंगे।
मिला भी कहीं तो लुटा जा रहा है ॥4॥

तरक़्क़ी कहानी बनी हर जगह पर।
यूँ खैरात में ही बटा जा रहा है ॥5॥

चुकाना पड़ेगा किसी दिन सभी को।
बिना कुछ किए ही ठगा जा रहा है ॥6॥

समझना यही है हमें बात "शेखर"।
भला आदमी क्यों गिरा जा रहा है ॥7॥

रंगा सियार

सियारों के बड़े कुनबे यहाँ तो मिल ही जाएंगे।
रंगाकर खुद को शेरों सा भला कब तक छुपाएंगे ॥1॥

सुना हमने कभी काना बना राजा असीखों में।
यही हालात इक दिन जोर से झटका दिलाएंगे ॥2॥

बड़ा ही रास होता है घिरे रहते बहाने से।
किसी के भाव मे ढल के पिया के पास जाएंगे ॥3॥

बड़ा ही शौक पाला है लिखाई का दिखावे को।
मगर अंदर सुलगता है भला किसको बताएंगे ॥4॥

सुना है कान कौआ ले उड़ा दौड़े सभी पीछे।
कभी जो हाथ पहुंचे तो पहेली तब बुझाएंगे ॥5॥

बड़ी ज़ालिम हुई दुनिया नही पूरा कभी समझे।
किसी के बात पर जाके सभी हल्ला मचाएंगे ॥6॥

ठहर कर सोच मेरे यार ऐसा कौन है "शेखर"।
नफा किसको ज़रा सी ज़िंदगी मे रास आएंगे ॥7॥

वफाएं बिखरा हुआ

आदमी खुद में खोया हुआ।
खुदगर्जी में वो बहरा हुआ ।।1।।

आ गया अब ज़माना बुरा।
जानवर से भी गुज़रा हुआ ।।2।।

इस ज़मी पर वफ़ाएँ भी हैं।
पर कहाँ पे वो बिखरा हुआ ।।3।।

चाँद की रोशनी में नहा।
उनका चहरा है उतरा हुआ ।।4।।

आज सूरज कहाँ फिर रहा।
हर गली ओर ढलता हुआ ।।5।।

आ गए लौटकर फिर वहीं।
चाहिए साथ कहता हुआ ॥6॥

पूछना उनकी नीयत ज़रा।
मांगने सबसे मिलता हुआ ॥7॥

अब कहना वही बात तुम।
साथ तेरे जो धोखा हुआ ॥8॥

कीमती वक़्त "शेखर" यहाँ।
पाँच सालों में मिलता हुआ ॥9॥

नया आदमी हूँ

जताऊं मैं कैसे खरा आदमी हूँ।
निवासी यहाँ का भला आदमी हूँ ।।1।।

ज़माना हमें तो सिखाया न होता।
शराफत में कैसे लुटा आदमी हूँ ।।2।।

चले राह जिस पर मुकम्मल सही था।
ये कैसा भँवर है फँसा आदमी हूँ ।।3।।

ये कैसी हवा अब बही जा रही है।
लगा अब सुपथ पर ठगा आदमी हूँ ।।4।।

सुना था कभी इक कहावत यहाँ पर।
हुआ सच मठा से जला आदमी हूँ ।।5।।

जो लेता न रिश्वत किसी से कभी भी।
लगा उसको इक सिरफिरा आदमी हूँ ।।6।।

न धोया कभी हाथ धारा पे "शेखर"।
नज़र पे सभी के नया आदमी हूँ ।।7।।

एक शिक्षक के कलम से

दीये की रोशनी बनता रहा हूँ।
ज़माने की तिमिर हरता रहा हूँ ॥1॥

बड़ा मुश्किल चिरागों को जलाना।
उजाले के लिए गलता रहा हूँ ॥2॥

सभी शिकवे शिकायत ले पहुँचते।
अभावों को छुपा हँसता रहा हूँ ॥3॥

बिताई है समूची जिंदगी को।
पढ़ाने को सबक पढ़ता रहा हूँ ॥4॥

दिया रब ने हमें वो नूर खुद का।
उसी के काम को करता रहा हूँ ॥5॥

कोई झूरे कहीं से भी लपक कर।
वही मैं पेड़ जो फलता रहा हूँ ॥6॥

हमारा पंथ उजला खास "शेखर"।
खुदा के राह में जलता रहा हूँ ॥7॥

कौड़ी के मोल बिकता

नाराज़गी यही है अपनों से ही घिरे हैं।
है प्यार में मिलावट मतलब लिए खड़े हैं ॥1॥

अब दोष दें किसे हम बाज़ार ही भरा है।
बिकते रहे मनुज हैं बोली लगा रखे हैं ॥2॥

देखो सभी जगह पैमाने बदल गए हैं।
नौकर हुआ सयाना मालिक लुटा रहे हैं ॥3॥

मिलते रहेंगे हरदम सैलाब दर्द का ही।
तैराक जो उबरता लहरों से जो लड़े हैं ॥4॥

मोती मिला उसे जो अंदर डुबाया खुद को।
पाया नही कभी कुछ वह जो जुदा खड़े हैं ॥5॥

है कोयले का धंधा कब तक बचे रहेंगे।
चिल्ला रहे थे बाहर जाकर वही रँगे हैं ॥6॥

कौड़ी के मोल बिकता इंसान का शरम है।
ईमान आदमी के "शेखर" बड़े बुरे हैं ॥7॥

अंतर्राष्ट्रीय योग दिवस

कुछ नहीं पर खास इतना सा मेरा एलान है।
योग करते हम चढ़ेंगे जिस शिखर सम्मान है ॥1॥

भारतीयों के उजाले फैलते संसार में।
विश्वगुरु थे और आगे भी रहेंगे ध्यान है ॥2॥

है निराली सी धरा का मान इस संसार मे।
हम शिखा औ सूत्रधारी वैदिकी अभिमान है ॥3॥

ज्ञान की धारा बही थी योग था जीवन सदा।
सैकड़ों सालों जिए थे इल्म का गुणगान है ॥4॥

है हमारा विश्व मे अपना धरोहर वेद का।
जी सकेंगे स्वस्थ जीवन योगमय आसान है ॥5॥

राह दिखलाया सभी को आचरण में प्यार हो।
कुछ तो है जो विश्व अनुयायी बना पहचान है ॥6॥

चाहते हैं तंदुरुस्ती हर कोई "शेखर" यहां।
योग करना ही पड़ेगा बस यही फरमान है ॥7॥

रहो अब संभल कर

रहा खास इतना खुदाई न दे।
सियासत उसी का बधाई न दे ।।1।।

भला हो हमेशा सभी का यहां।
बिठा तो दिया अब बुराई न दे ।।2।।

यहां बैठते ही पदों पर बड़े।
गरीबों की बातें सुनाई न दे ।।3।।

रहा पाँच सालों में राजा बना।
लगा डर सताने विदाई न दे ।।4।।

बहुत रो लिए सामने तो तेरे।
करम की तू अपनी दुहाई न दे ।।5।।

समझती ये जनता बड़ी मौन है।
रहो अब सँभल कर जुदाई न दे ।।6।।

न रहता किसी का खरीदा हुआ।
ये जनता है "शेखर" सफाई न दे ।।7।।

अच्छाई बहुत है

बहुत ही धार गहराई बहुत है।
यहाँ पग पग में चतुराई बहुत है ||1||

किया दिनरात हरदम काम जी भर।
जिया बेहाल महगाई बहुत है ||2||

यहाँ लगती इमा की बोलियां अब।
फसे दल दल में सौदाई बहुत है ||3||

कदर अब है कहाँ इंसान की वो।
नहीं ईमान परछाई बहुत है ||4||

मिला था काम करने को समूचा।
तलाशेंगे तो चौथाई बहुत है ||5||

मिलेंगे लोग करते हैं शिकायत।
ज़रा खोजो तो सच्चाई बहुत है ||6||

बदलना है यहां "शेखर" हमें खुद।
ये सुंदर देश अच्छाई बहुत है ||7||

ये जनता है सफाई न दे

रहा खास इतना खुदाई न दे।
सियासत उसी का बधाई न दे ॥1॥

भला हो हमेशा सभी का यहां।
बिठा तो दिया अब बुराई न दे ॥2॥

यहां बैठते ही पदों पर बड़े।
गरीबों की बातें सुनाई न दे ॥3॥

रहा पाँच सालों में राजा बना।
लगा डर सताने विदाई न दे ॥4॥

बहुत रो लिए सामने तो तेरे।
करम की तू अपनी दुहाई न दे ॥5॥

समझती ये जनता बड़ी मौन है।
रहो अब सँभल कर जुदाई न दे ॥6॥

न रहता किसी का खरीदा हुआ।
ये जनता है "शेखर" सफाई न दे ॥7॥

आज के दोहे

मोबाइल का युग हुआ, हुए लोग सब दूर ।
सपने में मिलते रहे, अलग हुए मजबूर ।।1।।

कैसी अंधी दौड़ है, पीने चले शराब ।
रुपिया तो चला गया, तन भी हुआ खराब ।।2।।

मिट्टी से यह तन बना, मिट्टी में मिल जाय ।
कर चल ऐसा काम तू, नाम अमर रह जाय ।।3।।

काया यह है कांच की, तनिक जतन से राख ।
हिरदे राम बसाइए, यह जीवन की साख ।।4।।

चंचल मन बस में रखें, नयन रखें समझाय ।
इसी तरह जीवन जियें, सफल जनम हो जाय ।।5।।

बड़ा गजब संसार में, लोगों का व्यवहार ।
मुंह से मीठा बोलते, मन में रखते रार ।।6।।

फाइल टेबल घूमता, बिना वजन मझधार ।
असली खेवनहार है, चांदी का पतवार ।।7।।

कोई काम न हो रहा, बिना दिए उपहार ।
जूता घिसते घूमते, हाथ लिए अधिकार ।।8।।

जमीं पर जन्म का आभार

चार दिन की जीवनी दमदार होना चाहिए।
आदमी को आदमी से प्यार होना चाहिए ।।1।।

हौसला कितना रहे पर याद तो इतना रहे।
हाथ नाविक के मगर पतवार होना चाहिए ।।2।।

हर सबेरे उठ हमेशा बात दिल मे बांध लें।
इस जमीं पर जन्म का आभार होना चाहिए ।।3।।

हम हमेशा साथ रहते लोग इस संसार मे।
सब बराबर बढ़ सकें अधिकार होना चाहिए ।।4।।

कोई लाचारी न हो वातावरण ऐसा बने।
साधनों का न्याय से विस्तार होना चाहिए ।।5।।

ले दबा रक्खा किसी के भाग के अनुदान को।
उस अधर्मी को बड़ा धिक्कार होना चाहिए ।।6।।

है नहीं "शेखर" जरूरी लोग के मनुहार का।
उन सरीखों को यहां ललकार होना चाहिए ।।7।।

अब नहीं वो प्यार वैसा

उनसे बातें हो न पाई इक ज़माना हो गया।
लाख का दिल यूँ मुफत में ही गँवाना हो गया ।।1।।

चार दिन की चाँदनी थी खुशनुमा जीवन रहा।
छांव में पीपल तले बस मुस्कुराना हो गया ।।2।।

दिन बहुत आराम के थे बचपना यूँ बीतना।
खिलखिलाकर रोज मिलना गुनगुनाना हो गया ।।3।।

प्यार की थपकी लगाकर माँ सुनाती लोरियाँ।
जब से आई है जवानी थपथपाना हो गया ।।4।।

यार मेरे सब कुटिल थे तंग करते थे मुझे।
अब नहीं वो प्यार वैसा हिचकिचाना हो गया ।।5।।

आदमी फिर चाहकर भी जी न पाता दिन वही।
घिर गया है बोझ से फिर इक बहाना हो गया ।।6।।

हर तरफ "शेखर" नशा है दौलतों व्यापार का।
है बनावट ज़िंदगी मे टिमटिमाना हो गया ।।7।।

रचनाकारों का सम्मान

दीवानों सी हालत है अब अनजाने में,
होती गई है पतली ये समझाने में ।।1।।

बात पते की करते हैं अगर समझो,
नफ़रतें छोड़ो बात करो सुलझाने में ।।2।।

दोनों को ही भारी सदमा पहुँचा है,
क्या रक्खा है अब यूँ ही डराने में ।।3।।

जो भी शिल्पी आंदोलन में जूझ रहे,
मानो उनकी बात भी अब याराने में ।।4।।

रचनाकार भी आंदोलित है ये कैसा,
कुछ तो खोट है यार तुम्हारे पैमाने में ।।5।।

रौनक है ये सारे जग की आदर दो,
गरिमा धूमिल मत कर दो मनमाने में ।।6।।

शोभा "शेखर" सारे जग की फुलवारी,
दो वो सारी शान उसे महकाने में ।।7।।

जनता की ताकत

मिलकर रहना है तो यारी किया करो।
सोच समझकर वादा सारी किया करो ॥1॥

ये जनता है इसकी ताकत समझो तुम।
मत इनके हक रुस्वा बारी किया करो ॥2॥

हाथों में है कोष तुम्हारे सारा ही।
जनहित सारे काम हमारी किया करो ॥3॥

वोटों के तुम सौदागर करते सौदा।
काम न हो कोई लाचारी किया करो ॥4॥

फिर से वापस आना हो तो याद रखो।
जनता के दुःख संग पुजारी किया करो ॥5॥

सद्भावना

दर्द दिल का मैं बताना चाहता हूँ।
जख्म मेरे अब दिखाना चाहता हूँ ।।1।।

देश पर कुर्बान जिसने दे दिया है।
उनकी चाहत को निभाना चाहता हूँ ।।2।।

वर्ग में क्यों बट रहे हैं देश वासी।
न्याय सब को ही दिलाना चाहता हूँ ।।3।।

सब से पीछे रह गया है दौड़ में जो।
हाथ थामे पास जाना चाहता हूँ ।।4।।

सब बराबर मुख्य धारा में चले मिल।
सब के मुख मुस्कान लाना चाहता हूँ ।।5।।

जो जहाँ पर जिन पदों के योग्य होवे।
उस जगह पर ही बिठाना चाहता हूँ ।।6।।

शान से जीवन जिएं सद्भावना से।
देखकर मैं खिलखिलाना चाहता हूँ ।।7।।

मिल न पाया सुकूँ

सोचता ही रहा दायरा रह गया।
मिलने की आस यूँ ही धरा रह गया ।।1।।

खत लिखा था उसे भेजने यार को।
वाह रे डाकिया क्यों पड़ा रह गया ।।2।।

सो न पाया कभी रात भर नींद में।
वाह किस्मत फटा का फटा रह गया ।।3।।

दो टके का किया नौकरी शान से।
मिल न पाया सुकूँ माँगता रह गया ।।4।।

बंद हड़ताल होता रहा ये सभी।
करके वादे बड़े बेवफा रह गया ।।5।।

हौसला जो किया था न झुकना हमें।
लड़ न पाए डरा का डरा रह गया ।।6।।

आये दुखती रगों को सजाने कई।
जख्म "शेखर" हरा का हरा रह गया ।।7।।

श्रम कुर्बानी मांग रही है

सुबक सुबक कर रोने वालो,
अंदर में ही दम घुटने वालो,
आँख बंद कर लेने से डर भाग नही जाता है ।।

अंधविश्वास का जब तक डेरा,
छाया हरदम घनघोर अँधेरा,
आलस्य प्रमाद का रहा बसेरा,
कर्मठ जागो तभी यहाँ सबेरा,
काट तिमिर राग विहाग गालो,
मनचाही फिर सब दुनिया पालो,
हाथ पे हाथ धरे रहने से शिखर हाथ नही आता है ।।

दशों दिशाएं जाग रही हैं,
श्रम कुर्बानी मांग रही है,
जागे और जगाएं अब ही,
छाए नूतन प्रकाश तब ही,
भरे उत्साह सफलता ला लो,
इससे कम तो बिलकुल ना लो,
माथे की रेखा भर से किस्मत साथ नही आता है ।।

स्वप्न लोक में परी सी बिटिया

नन्ही सी बिटिया तुम्हारे हाथों में कल की तस्वीर है।
अभावों के तुम्हारे सपनों मे इस देश का तकदीर है ॥

कहो, रोशनाई चाहिए बन दीपक उजाला कर देंगे।
हमे एक संबल दो फिर हम सब की झोली भर देंगे।
समाज का रूप बदल दे सुंदर ऐसी तेरी तस्वीर है ॥

नाम न लेना रुकने का सोतो को जगाने आए हो।
नही डरना कभी किसी से डर को हटाने आए हो।
हँसते चलो ज़माने मे यही पाबन्दी पर एक तीर है ॥

न तनिक विश्राम करना आगे बढ़ना सब छुट्टी मे।
एक दिन होगा जमीं आसमाँ चाँद सितारे मुट्ठी मे।
काट डालो सारे बंधन फ़टे पुराने अब ये जंजीर है ॥

अंतर्राष्ट्रीय दिवस और कुंडलियां

जल जीवन

पानी सबसे कीमती, दुनिया का सरताज।
बिन इसके चलता नहीं, कभी किसी का काज।
कभी किसी का काज, लड़ें आपस में भाई।
बूंद बूंद का मोल, समझ है ये सुखदाई ॥
कह "शेखर" कविराय, नहीं प्याऊ अनजानी।
गरमी में बेहाल, रुला देता है पानी ॥1॥

पौधारोपण

पौधा ऐसा रोपिए, जो हो छायादार।
चिड़िया चहके डाल पे, शीतल बहे बयार।
शीतल बहे बयार, बटोही पाँव पसारे।
मीठे फल से लदे, धरा पर स्वर्ग उतारे ॥
कह "शेखर" अनमोल, विचार यही इक कौंधा।
गाँठ बाँध लें राय, सभी जन रोपें पौधा ॥2॥

प्यारा हिंदुस्तान

धारा बहती ज्ञान की, प्यारा हिंदुस्तान।
अतुल देश संस्कार का, इस पर है अभिमान।
इस पर है अभिमान, शिरोमणि यह कहलाता।
देवभूमि यह दिव्य, जगत में जाना जाता।
कह "शेखर" कविराय, विश्व का एक सितारा।
निर्मल संस्कृति नीर, पाक सुरसरिता धारा ॥3॥

अंतर्राष्ट्रीय चाय दिवस

चाहा सबने चाय को, सुबह रात दिन शाम।
इसके बिन होता नहीं, कहीं जगत के काम।
कहीं जगत के काम, सबेरे यही जगाए।
करना हो कुछ खास, निशा में नींद भगाए।
कह "शेखर" कविराय, अतिथि से खास निबाहा।
"टी" में दीवानगी, दवा सम काढ़ा चाहा ॥4॥

काग़ज़ के टुकड़ों पर

कही भी राह में कोई रहम कहकर बदलते हैं,
वो ऐसे दोस्त होते हैं कसम खाकर बदलते हैं ।।1।।

ज़माने भर कहाँ घूमें किसी के हाल जो पूछें,
उसी के दिल सितमगर जो बनी पत्थर बदलते हैं ।।2।।

यहाँ हर एक कहानी में हकीकत का पुलिंदा है,
ज़रा कागज़ के टुकड़े पर दया सागर बदलते हैं ।।3।।

हमेशा जो दिया कसमें वही पलभर नही रहता,
फ़कत चांदी के टुकड़ो में इमां अक्सर बदलते हैं ।।4।।

खनकती चंद सिक्कों से किसी को नोट के दम पर,
यहाँ लोगों के मन की बात सौदागर बदलते हैं ।।5।।

लुटेरे

नगद भी गया माल भारी गया।
लुटा देश को वो हमारी गया ।।1।।

ये कैसी हिफाजत कहाँ सेंध है।
वो करके दिवाला भिखारी गया ।।2।।

नियम कायदे निर्धनों के लिए।
लुटा सार सारा शिकारी गया ।।3।।

लगाकर वो चूना बड़े शान से।
हज़म कर बखूबी उधारी गया ।।4।।

नहीं कुछ पकड़ अब रहा पास में।
तमाशा दिखाकर मदारी गया ।।5।।

कोरोना का कहर

एक साथ मिलकर, करते दिन बसर, वो गया दिन गुजर,
कोरोना डरा रहा।
आदमी गया बिखर, मौत का चला कहर, तांडव हर डगर,
कौन जो चला रहा ॥
मायूस जन इधर, मौन बंद है नगर, काल घूमता जिधर,
प्यास वो बुझा रहा।
अब क्या रहा कसर, फेर प्रेम का नज़र, मालिक तू है किधर,
तू ही तो खुदा रहा ॥

सामाजिक श्रृंगार छन्द

(1)

देश की सेना है दमदार।
कूद पड़ते ले कर हथियार।
शान से लड़ते दे ललकार।
हौसला शेरों सा हुंकार॥

(2)

कठिन हो कितनी ऐसी चाल।
जीतनी बाजी है हर हाल।
राह में आए सौ सौ काल।
फेंक ही डालें सारे जाल॥

(3)

रहे बढ़ तेजी से सब दाम।
नहीं मिल पाता लोगों काम।
रहे पिस दो पाटों जन आम।
जिंदगी में दूभर आराम॥

(4)

आम जनता अब है लाचार।
कीमतों के भंवर का वार।
कठिन है चलना अब घरबार।
गए पड़ फीके हर त्यौहार॥

(5)

ठीक कर हम जीवन की चाल।
चलें ला परिवर्तन के काल।
साफ हों मानव के जंजाल।
तेज से चमके जन के भाल॥

(6)

वेद की बातें सुन दे कान।
देश के खातिर हाजिर जान।
देख पिछड़ों को देवें दान।
सतत बढ़ जाते सब का मान॥

नारी-जागरण

घर घर जाकर सबको यही बताना है।
नारी को अब करतब नया दिखाना है॥

नारी के अगणित जौहर हमने देखा।
इस शक्ति के आगे फीके सारे लेखा।
बन अनुसुइया मंदाकिनी को ले आई।
सावित्री बन सत्यवान को वापस लाई।
खोई उस गरिमा को पुनः जगाना है॥1॥

राम बिना सीता संस्कार दे सकती है।
पाण्डु बिना कुंती शूर गढ़ सकती है।
शकुन्तला भरत ढाल दिखलाती है।
मदालसा पुत्रों को बंधमुक्त बनाती है।
बिन माता के सृजन का नही ठिकाना है॥2॥

भावशून्यता ने अब नर्क बनाया है।
हृदयहीनता ने अब ध्वंश मचाया है।
जागरण की बेला मे शंख बजाना है।
इसीलिए नारी को पुनः जगाना है।
मातृशक्ति को सृजन में हाथ बटाना है॥3॥

अजन्मी बेटी का करूण पुकार

नारी के सुकोमल भावों का,
चर्चा है इस जगती में।
पर कोख में कुचलती बेटी,
चीख रही इस धरती में।
मेरे हाथ सुकोमल इतने,
न चुनरी तेरी खीच सकी।
बाहे मेरी इतनी पतली,
डाल गले न लिपट सकी ॥1॥

मुझे मारने दवा लेकर,
इस फूल को मसल देगी।
डॉक्टर के छुरी से माँ,
तू दर्द की फसल दे देगी।
तू तो नही देख सकती है,
वो दवा क्रूरता से मारेगी।
खोपड़ी के टुकड़े करके,
निर्दयता से मुझे झाड़ेगी ॥2॥

अगर दृश्य ये तू देख सके,
ऐसे करना माँ चाहे कैसे।
दवा मुझे तो फिसला देगी,
गीली हाथो में साबुन जैसे।
लाड़ली का सन्देश तुम्हे ये,
भूलकर भी कभी न करना।
आवाज़ नहीँ मेरी है लेकिन,
ललक मेरी किलकारी भरना ।।3।।

आँगन में तेरे छमछम नाचूँ,
गोद में खेलूं तेरी माँ।
बड़ी होकर ससुराल चलूंगी,
चार दिन दे दे मेरी माँ।
न मांगू चाँद सितारे तुमसे,
मैं मांगू केवल जीवन माँ।
एक दिन तुमसे दूर ही जाना,
तब क्यों न देती जीवन माँ ।।4।।

लोभ की पिटारी

चाल चलता हुआ शिकारी है।
याद रखना खड़ा भिखारी है ॥1॥

पूछना हाल चाल जनता का।
किस तरह दिन यहां गुजारी है ॥2॥

सौप तो था यहाँ दिया तुमको।
कर्ज़ उनका कहाँ उतारी है ॥3॥

रो रही है यहां ठगी जनता।
सबके सर पर बड़ी उधारी है ॥4॥

काम करने दिया बना सेवक।
राज करने लगे मदारी है ॥5॥

लोग बेचैन हो रहे ऐसे।
वार उनपर लगी कटारी है ॥6॥

आ रहे दिन खुशामदी "शेखर"।
खुल रहे लोभ के पिटारी हैं ॥7॥

नीति की राहें

यहाँ पर जो दिवानों सा अदा से मुस्कुराए हैं,
वही सरताज बनकर ही सदा से जगमगाए हैं ।।1।।

हमारी एक ही हस्ती उठा देती हमेशा ही,
जुदा रहकर रिवाज़ों से हज़ारों में निभाए हैं ।।2।।

ज़रा सा भी नही डरते किसी दुश्मन निग़ाहों से,
हमारे पास वो हिम्मत जिसे हम आज़माए हैं ।।3।।

कभी जो आ पड़ी राहें मुसीबत पास अपने ही,
ख़ुशी से हम हमेशा ही दिलों से गुनगुनाए हैं ।।4।।

सदा रहना ख़ुशी गम में यहाँ समभाव पर जीना,
हमारे नीति की राहें यही सबको सिखाए हैं ।।5।।

श्रम के गीत

यह जीवन संघर्षो की अनुपम कहानी है।
कभी दुःख तो कभी सुख की निशानी है।
इनमे से झरते जो वो आँखों के मोती हैं,
दिलों में प्रेम जो बोए सफल जवानी है ।।1।।

धरती की बेताबी इसकी प्यास बुझानी है।
श्रम छंद सीकर की अब तो गीत सुनानी है।
इस धरती के हलधर की पूजा नही होती,
श्रमवीरों के दिल आशा के दीप जलानी है ।।2।।

कलम की खेती से बदलाव आनी चाहिए।
हो कुछ ऐसी रचना हर खेत पानी चाहिए।
भगीरथ गंगा ला सका तो अब क्यों नही,
हर नदी एक दूसरे से जोड़ी जानी चाहिए ।।3।।

नक़ाब बाकी है

विकास के पन्नों का किताब बाकी है,
जरा अभी ठहरो तो खिताब बाक़ी है ॥1॥

उठा दिया परदा हाल पूछ ना अब तो,
सफ़ेद पोश हमारे नवाब बाक़ी है ॥2॥

सवाल पूछ रहे लोग हाथ उनका धर,
गरीब का हक देना ज़नाब बाकी है ॥3॥

जुबां दिया जनता को बनावटी वादा,
कहाँ तलक तय पूरा हिसाब बाक़ी है ॥4॥

दिशा दिया नवसृजन के वास्ते हमको,
कहाँ गए दिन अच्छे जवाब बाक़ी है ॥5॥

खुशी किसी दिन आए किया यही वादा,
अभी है रात सुबह वाला ख्वाब बाक़ी है ॥6॥

छुपा रहे कब तक पल सहा नहीं जाए,
दिखा नहीं सच "शेखर" नकाब बाक़ी है ॥7॥

ऐतबार (भरोसा)

जहान में ऐतबार लेकर, फतह करेंगे ये फैसला है।
रचा ही डालें नयी इबारत, बड़े हुनरमंद फ़लसफ़ा है ।।1।।

कमान लेकर निकल पड़े हैं, हुजूम उमड़ा निहारता है।
बदल ही डालें समूचा आलम, सलाम उनको जो काफिला है ।।2।।

खामोश रहकर लुटा चुके हैं, नहीं रखेंगे ज़ुबान गिरवी।
हमारा तेवर दिखा रहा है, सँभल जा वरना ये जलजला है ।।3।।

किए थे वादे हज़ार लेकिन, निभा न पाया कहीं पे आख़िर।
ये याद रखना समझ चुके हम, तुम्हारा फैला ये रायता है ।।4।।

नहीं चलेगा वही पुराना, जो राग गाया बिखेरने को।
समझ चुकी है बिचारि जनता, निभाओ वादा ये मशवरा है ।।5।।

मिलेगी मंजिल यकीन सबको, उड़ान भरना सिखा रहे हैं।
सही सलामत चलें अगरचे, अवाम तासीर सोचता है ।।6।।

हमे अड़ंगा न रोक पाता, फलक तलक हम बढ़े चलेंगे।
न दूर "शेखर" मुकाम अपना, जहां सितारों का टिमटिमा है ।।7।।

पक्षी पुराण

कौवों की महफ़िल में सदा काँव काँव है,
कोयल बिचारी क्या करे अपना दाँव है ।।1।।

गिद्धों की दृष्टि दे रही हर घाव घाव है,
बाजों की चालाकी यहां ठाव ठाव है ।।2।।

तोता रटंत से हुई भीड़ शक्तिहीन है,
उल्लू का रुतबा आज गधों का गाँव है ।।3।।

हर ओर बंदर बांट है बस खॉव खॉव है,
गौरैया आँखे मूँद चुगती चाव चाव है ।।4।।

मन का मयूर अब भला नाचे तो कैसे?
सुरसा सी बढ़ती रोज़ मंहगाई भाव है ।।5।।

हँसो की बात सुन यहाँ कोई न पाता,
बगुला भगत का अब यहाँ दांव दांव है ।।6।।

"शेखर" न बनना मुर्ग तुम ये याद रखना,
कबूतर से भेजो बात जो कलम ताव है ।।7।।

५. प्रेम-पीर

सपने सजाने लगे हैं

हया अपने रुख पे दिखाने लगे हैं।
मिली जब से नज़रें चुराने लगे हैं ।।1।।

कई दिन से मिलने की चाहत सजाए।
कसम से सदा मुस्कुराने लगे हैं ।।2।।

न राहत मिली उनको पल भर कहीं पर।
जुबाँ से न कह कर छुपाने लगे हैं ।।3।।

मिलन की बड़ी आरज़ू ले सनम की।
हसीना ज़रा गुनगुनाने लगे हैं ।।4।।

नहीं बोल पाए किसी से कभी भी।
मगर नज़्र सपने सजाने लगे हैं ।।5।।

न दिल होश में है न काबू में धड़कन।
मगर ख्वाब पर भी उगाने लगे हैं ।।6।।

नज़र मिल गई जब अचानक ही "शेखर"।
ग़ज़ब हाल है हिचकिचाने लगे हैं ।।7।।

छुरी चलाई

बड़ी अदा से करीब आई।
झुकी नज़र से मिली मिलाई ॥1॥

ज़रा खनक से चुड़ी बजाई।
दिखा दिया फिर भरी कलाई ॥2॥

हसीन चेहरा मृगी सी ऑंखे।
नशीला जोबन डूब नहाई ॥3॥

हमे नहीं था पता ज़रा भी।
सु-नैन जादूगरी चलाई ॥4॥

किसी तरह से सँभल रहे थे।
छुरी नुकीली सी मुस्कुराई ॥5॥

कहाँ कहाँ तक तलाश करते।
उसी ने दिल जॉ चुनी चुराई ॥6॥

न होश में है अभी तलक दिल।
मिले न खोजे कोई दवाई ॥7॥

बहुत समय से सँभाल रख्खा।
न कोई कीमत मुफ़त गँवाई ॥8॥

न जाने कितने बहाए आँसू।
पता चला जब हुई पराई ॥9॥

अखबार करके आ गए

जब से देखा था उसे दिल हार करके आ गए।
हाथ मे ले हाथ उनका प्यार करके आ गए ।।1।।

रोकने आए थे उनको राह में कब से खड़े।
दिल बड़ा बेचैन आँखे चार करके आ गए ।।2।।

शाम गुज़री रात तन्हा दिल बड़ा बेचैन था।
जा मिले जब पास तो तकरार करके आ गए ।।3।।

और कितना हम सुनाएं बात अपने यार की।
जब किया इज़हार तो इनकार करके आ गए ।।4।।

वो बड़ा शातिर ही निकला दे दिया कसमें हमें।
क्या बताएं और अब इकरार करके आ गए ।।5।।

यूँ ही चलता जा रहा था वक़्त का दरिया हुआ।
कब न जाने खुद को ही बीमार करके आ गए ।।6।।

चाहता तो था नहीं पर हो गया "शेखर" गज़ब।
उस गली में यार खुद अखबार करके आ गए ।।7।।

कभी बहका नहीं

आदमी के पास जो महँगा नहीं।
वक़्त से बढ़कर कोई गहना नहीं ॥1॥

शान शौक़त चार दिन की चांदनी।
शाम ढलते साथ भी साया नहीं ॥2॥

चाहतें हैं आदमी का इस कदर।
शौक जीवन भर क़भी मिटता नहीं ॥3॥

जादुई आँखे हुई हैं कातिलें।
घायलों के रोग का चारा नहीं ॥4॥

चाँद सा मुखड़ा दिखा कर चल दिए।
चुंधियाई आँख हरजाना नहीं ॥5॥

हर तरफ़ उनको निगाहें खोजती।
बिन सजन के हाय अफ़साना नहीं ॥6॥

लफ्ज़ चुनकर बोलती जो शाइरी।
लड़खड़ाते होंठ फ़रमाया नहीं ॥7॥

दिन अभी कितने हुए थे मेल के।
बेरुखी उनकी कि गुल महका नहीं ॥8॥

चंद लम्हे जिंदगी के सोच कर।
यार "शेखर" है कभी बहका नहीं ॥9॥

करार मत करना

याद रखना करार मत करना।
हद से ज्यादा तू प्यार मत करना ॥1॥

चाहतों का सफ़र बड़ा महगा।
ध्यान रखना उधार मत करना ॥2॥

काम करना बड़े सलीके से।
और बातें हज़ार मत करना ॥3॥

राह मुश्किल कभी नहीं होता।
बेवज़ह का दरार मत करना ॥4॥

ज़िंदगी चार ही दिनों का है।
ख़र्च फिर बेशुमार मत करना ॥5॥

आदमी तो गुनाह का पुतला।
गलतियां बार बार मत करना ॥6॥

राह पर तो बड़ा नज़ारा है।
दिल को "शेखर" निसार मत करना ॥7॥

निशा सुंदरी और नव विवाहिता

कमाल की अदा बड़ी नदी सी खिल खिलाइए।
खिली हुई कली कुसुम जहांन मुस्कुराइए ।।1।।

हरी भरी धरा धवल ये चाँदनी बिछी हुई।
सुगंध मंद रात में सुगीत गुनगुनाइए ।।2।।

नही रहा कहीं विहंग सो चुके हैं नीड़ पर।
खनक सुनाई दे रही विवाहिता बताइए ।।3।।

बड़े मधुर नुपुर बजे सुशांत आधी रात में।
उतर लजा लजा रही निशा तुही रिझाइए ।।4।।

रहा न चैन आँख में धड़क रहा ये दिल बड़ा।
बुला रही है चाँदनी हुज़ूर आ भी जाइए ।।5।।

दीवाने उनके मचल रहे हैं

शराबी आँखे नज़र मिला के गुज़र गई तो ग़ज़ल रहे हैं।
अदाएँ ऐसी कि ज़ुल्म ढाए दिवाने उनके मचल रहे हैं ।।1।।

शमा जली इक नगर में ऐसी जले पतंगे ग़ज़ब हुआ है।
लगा के ग़ज़रा सज़ा के महफ़िल लबों से सरगम निकल रहे हैं ।।2।।

नहीं किसी का ज़िगर है बस में चली छुरी जो नज़र मिलाकर।
बड़ा अजूबा अतीब रिश्ता अत्तार ऐसा सँभल रहे हैं ।।3।।

निखर के आई बड़े अदब से अदील पूनम का साथ लेकर।
घिरी घटाएं कि चाँद ओझल झटक के जुल्फें वो छल रहे हैं ।।4।।

अनीक सूरत अनीस अंसब मगर मिला है अनीफ़ पक्का।
कभी फुहारें कभी तो बारिश ज़रा सा पल में बदल रहे हैं ।।5।।

छुपा के दिल मे रखा था इसको नहीं खबर थी बताएं कैसे।
रहा न जाए बिना बताए इसी लिए तो उगल रहे हैं ।।6।।

बड़ी खराबी दिखाई देती ज़हर घुला है जहाँ में "शेखर"।
कली खिली थी अभी अभी बस निखर न पाई मसल रहे हैं ।।7।।

अतीब = परम् पवित्र, अधिक सुगंधित।
अत्तार = गंधी, इत्र आदि सुगंधित द्रव्य बेचने वाला, दवाएं बेचने वाले।
अदील = प्रतिष्ठा और गौरव में समान,
अनीक = अद्भुत, आश्चर्यजनक, मनोरम, सुंदर।
अनीस = मित्र, प्रेमी, दोस्त।
अंसब = अत्यंत उचित, बहुत वाज़िब,
अनीफ़ = झगड़ालू, लड़ाकू।

पी लिया जाम जो आंख से

जब से देखा उसे ताकता रह गया।
पास आया मगर फासला रह गया ।।1।।

रात भर चाँद सी रोशनी जो रही।
देखकर बस उसे देखता रह गया ।।2।।

पी लिया जाम जो आँख से रात में।
क्या कहें जिंदगी भर नशा रह गया ।।3।।

राह तकता रहा दिन गुज़रता रहा।
याद में फिर बसी जो दवा रह गया ।।4।।

जा चुकी घर किसी के बसाने कहीं।
भर के आँसू यहां पर जुदा रह गया ।।5।।

ध्यान हटता नहीं दिन गुज़रता नहीं।
क्या करें घाव तो बस हरा रह गया ।।6।।

उस गली से गुजरना पड़ा जो हमे।
वक़्त "शेखर" मेरा दिलजला रह गया ।।7।।

शायरों की जुबां

शाम ढलते ही ये नज़ारा हो।
साथ उनका नदी किनारा हो ॥1॥

देर से ही भले निकल आया।
रोशनी चाँद का निहारा हो ॥2॥

हो नशे में जमीं न क्यों आखिर।
शाम काज़ल लगा इशारा हो ॥3॥

है मचलती लहर लिए यौवन।
लुट गया आशिक़ी बिचारा हो ॥4॥

रात शबनम ढुलक गिरी बूंदें।
जैसे दिल पर खबर उतारा हो ॥5॥

राह तकते गुज़र गया कैसे।
पूछ उनसे जिसे गुजारा हो ॥6॥

शायरों की जुबां वही "शेखर"।
दर्द में जिस ने भी पुकारा हो ॥7॥

रूप उनका गुलाब में देखा

जब भी देखा हिजाब* में देखा।
क्या पता था सराब* में देखा ।।1।।

हुस्न की शान चाँद सा रौशन।
रूप उनका गुलाब में देखा ।।2।।

इश्क की चाहतें रही लब पर।
हीर रांझा किताब में देखा ।।3।।

नक्श उनका बड़ा मदिर कोमल।
बस वही माहताब* में देखा ।।4।।

कुछ शरारत किया कभी उससे।
चेहरा आफ़ताब* में देखा ।।5।।

उनका चलना मचल मचल कर यूँ।
जैसे झरना शबाब* में देखा ॥6॥

चाहना उनका फिर लगा "शेखर"।
दौर ऐसा सवाब* में देखा ॥7॥

*हिजाब = आड़, ओट, पर्दा, शर्म, लज्जा,
सराब = मृगतृष्णा, धोखेबाजी,
माहताब = चंद्रमा,
आफ़ताब = सूरज, सूर्य की धूप,
शबाब = यौवनकाल, जवानी,
सवाब = पुण्य, नेकी, भलाई ॥

जादुई इल्म सादगी है क्या?

क्यों भला जिंदगी हँसी है क्या।
पूछने पर नज़र झुकी है क्या ॥1॥

आँसुओ से कभी नहीं बाहर।
बारहों मास की नदी है क्या ॥2॥

वायदों के तले हमेशा ही।
कौन है जो सदा लुटी है क्या ॥3॥

बोलती वो नहीं बिचारी है।
कर्ज़ के वज़्न में दबी है क्या ॥4॥

लाद तो दे रहे उसे गहने।
क्या ज़रूरत उसे परी है क्या ॥5॥

जब तलक साँस चल रही उसकी।
प्यार सैलाब ले सभी है क्या ॥6॥

जिंदगी की शमां बनी “शेखर”।
जादुई इल्म सादगी है क्या ॥7॥

दिल में उनके उतर जाए तो अच्छा

यादों में तेरी शाम गुज़र जाए तो अच्छा।
बीते हुए पल आज ठहर जाए तो अच्छा ।।1।।

आसान नहीं वक़्त हमेशा रहे वैसा।
मिल जाय सदा साथ सँवर जाए तो अच्छा ।।2।।

अरमान बड़े पाल रखे अपने नज़र पे।
चाहत ज़रा मिल जाए निखर जाए तो अच्छा ।।3।।

मेहनत बिना चैन नहीं आए कभी भी।
सुरताल न जीवन मे अखर जाए तो अच्छा ।।4।।

चलना तो हमें साथ सहारे ही लहर के।
मौका न रहे पास बिखर जाए तो अच्छा।।5।।

राहत न मिला हमको शराफत के डगर में।
टूटे न कभी आस सबर जाए तो अच्छा ।।6।।

देते ही रहेंगे उसे पैगाम मुहब्बत।
दिल मे किसी दिन उसके उतर जाए तो अच्छा ।।7।।

छुपाकर चांद सा चेहरा

किया उसने कभी इज़हार तो बदनाम हो जाता,
मुहब्बत के नगर में हर तरफ़ कोहराम हो जाता ।।1।।

छुपाकर चाँद सा चेहरा निकलती है ज़माने में,
वो बेपर्दा अगर जाती तो क़त्लेआम हो जाता ।।2।।

नहीं देती कभी मौक़ा शिकायत का ज़माने को,
दिखा देती अगर मुखड़ा तो फिर इल्ज़ाम हो जाता ।।3।।

न गुज़री है न गुज़रेगी कभी इस राह से होकर,
अगर शिरकत यहाँ होती बड़ा इकराम हो जाता ।।4।।

कई बीमार बैठे हैं दिलों को थाम कर अपने,
सभी दरख़्वास्त करते हैं उसे इलहाम हो जाता ।।5।।

खुदा से माँगने की सबने बस इक आस रख ली है,
नज़र भर देख ले आकर यही ईनाम हो जाता ।।6।।

क़यामत तक रहेंगे साथ तुम आओ तो "शेखर" अब,
सुहाना ये सफ़र यारो बड़ा आयाम हो जाता ।।7।।

इकराम = कृपा करने का भाव,
इल्हाम = ईश्वर की ओर से बात दिल में डालना ।।

यूँ ही

कितने दिनों से बातें हुई हैं,
रहते हैं बस ख़्वाबों में यूँ ही ॥1॥

धड़कन दिलों की तेज़ हुई है,
गिनते हमें हैं दीवानों में यूँ ही ॥2॥

जिसने भी देखा पूछा उसी ने,
खोए हो किसके लम्हों में यूँ ही ॥3॥

अपने लिए क्या चुन रखी है,
ख़ुशियों का डेरा गहनों में यूँ ही ॥4॥

चंचल चपल चितवन चितेरी,
मृगनयनी हो परियों में यूँ ही ॥5॥

शुचिता की सौम्य छटा में गुँथी,
लावण्य-परिहास की लड़ियों में यूँ ही ॥6॥

वो अल्हड़ बचपन

जिस शहर में रोज़ मेला था वो अब सूना मिला,
खो गए दिन वे पुराने याद फिर ताज़ा मिला ।।1।।

बचपन की वो शाम गुज़री चंद शोखी की नज़र,
आज वैसा दिन नहीं है जो कभी उलझा मिला ।।2।।

वे नज़ारे मिट चुके हैं वक़्त ने उलझन दिए,
लोग बदले चाल बदली पैंतरा तिरछा मिला ।।3।।

वो ठिठोली याद आई थी मुहब्बत का दिया,
रोशनी उस चाँद की जो प्यार में डूबा मिला ।।4।।

गाँव में चर्चा कभी थी "शेखर" अल्हड़ राज़ का,
जा सजन के घर मिली तो बाद में पर्दा मिला ।।5।।

मैने सजा लिया दिल में

बात मैं राज की बताता हूँ।
हर कदम पर सदा निभाता हूँ ॥1॥

ये ज़माना कभी न समझा है।
दर्द दिल की जिसे बताता हूँ ॥2॥

रोक पाया कभी नहीं मैंने।
आसुओं को सदा दबाता हूँ ॥3॥

पी लिया घूंट बेबसी का जो।
साथ रह कर तुम्हें हँसाता हूँ ॥4॥

मैंने तुमको सजा लिया दिल में।
मान अपना खुदा बिठाता हूँ ॥5॥

जिंदगी बीत जाए हाल-ए-दिल।
संग तेरे ये गीत गाता हूँ ॥6॥

प्यार से पूछ लें मुझे कोई।
आँख नम मैं भी कर दिखाता हूँ ॥7॥

जाँ निसार कर बैठे

गलतियाँ तो हज़ार कर बैठे।
जब से हम प्यार व्यार कर बैठे ।।1।।

जान कितना लुटा रहा उन पर।
यार दिल को बिमार कर बैठे ।।2।।

चाहता था निशानियाँ उनका।
खुद ही खुद का शिकार कर बैठे ।।3।।

सोचते सोचते कहाँ डूबे।
दिल का यूँ ही करार कर बैठे ।।4।।

चाहतों के सफर में यूँ भटका।
खास उनका पुकार कर बैठे ।।5।।

दे दिया दिल उसे उमीदों में।
जाएगा मिल उधार कर बैठे ।।6।।

माज़रा चाह की समझ "शेखर"।
दिल तो दिल जां निसार कर बैठे ।।7।।

करके कत्ल मेरा जब

बड़ा शातिर लगाकर दिल मुझे वो आजमाते हैं।
वो करके कत्ल मेरा जब अदा से मुस्कुराते हैं ।।1।।

न मुझको चैन राहत है किया जो हाल धीरे से।
उसी के नाम की माला उसी को गुनगुनाते हैं ।।2।।

किया खुद को मुहब्बत में बड़े आराम से तन्हा।
कहानी हीर रांझा के सदी से लोग गाते हैं ।।3।।

वही जाने नशा कैसा हुआ जब दर्द होता है।
हकीकत में लगाकर दिल सजा पाकर चुकाते हैं ।।4।।

सुकून आमेज़ होता है बड़ा वह एक पल मुझको।
हमीं से हार दिल "शेखर" फिर वही नज़रे चुराते है ।।5।।

पैग़ाम-ए-मोहब्बत

यादों में तेरी शाम गुज़र जाए तो अच्छा।
बीते हुए पल आज ठहर जाए तो अच्छा ॥1॥

आसान नहीं वक़्त हमेशा रहे वैसा।
मिल जाय सदा साथ सँवर जाए तो अच्छा ॥2॥

अरमान बड़े पाल रखे अपने नज़र पे।
चाहत ज़रा मिल जाए निखर जाए तो अच्छा ॥3॥

मेहनत बिना चैन नहीं आए कभी भी।
सुरताल न जीवन मे अखर जाए तो अच्छा ॥4॥

चलना तो हमें साथ सहारे ही लहर के।
मौका न रहे पास बिखर जाए तो अच्छा ॥5॥

राहत न मिला हमको शराफत के डगर में।
टूटे न कभी आस सबर जाए तो अच्छा ॥6॥

देते ही रहेंगे उसे पैगाम मुहब्बत।
दिल मे कभी "शेखर" उतर जाए तो अच्छा ॥7॥

जादुई इल्म सादगी

क्यों भला जिंदगी हँसी है क्या ।
पूछने पर नज़र झुकी है क्या ।।1।।

आँसुओ से कभी नहीं बाहर ।
बारहों मास की नदी है क्या ।।2।।

वायदों के तले हमेशा ही ।
कौन है जो सदा लुटी है क्या ।।3।।

बोलती वो नहीं बिचारी है ।
कर्ज़ के वज़्न में दबी है क्या ।।4।।

लाद तो दे रहे उसे गहने ।
क्या ज़रूरत उसे परी है क्या ।।5।।

जब तलक साँस चल रही उसकी ।
प्यार सैलाब ले सभी है क्या ।।6।।

जिंदगी की शमां बनी "शेखर" ।
जादुई इल्म सादगी है क्या ।।7।।

चेहरा आफ़ताब में देखा

जब भी देखा हिजाब* में देखा।
क्या पता था सराब* में देखा ।।1।।

हुस्न की शान चाँद सा रौशन।
रूप उनका गुलाब में देखा ।।2।।

इश्क की चाहतें रही लब पर।
हीर रांझा किताब में देखा ।।3।।

नक्श उनका बड़ा मदिर कोमल।
बस वही माहताब* में देखा ।।4।।

कुछ शरारत किया कभी उससे।
चेहरा आफ़ताब* में देखा ।।5।।

उनका चलना मचल मचल कर यूँ।
जैसे झरना शबाब* में देखा ॥6॥

चाहना उनका फिर लगा "शेखर"।
दौर ऐसा सवाब* में देखा ॥7॥

*हिजाब = आड़, ओट, पर्दा, शर्म, लज्जा,
सराब = मृगतृष्णा, धोखेबाजी,
माहताब = चंद्रमा,
आफ़ताब = सूरज, सूर्य की धूप,
शबाब = यौवनकाल, जवानी,
सवाब = पुण्य, नेकी, भलाई ॥

मेरी प्रथम रचना

ये रचना किशोरावस्था में लिखा गया था। यह रचना बिना कोई एडिटिंग के अपने मौलिक रूप में टूटी फूटी भाषा में बिना कोई शिल्प विधान के है। उस समय भी व्यक्तिगत डायरी लिखा करता था। मेरी डायरी से प्रस्तुत है।

तुम न आओ.....
थाम लिया हूँ दिल चाहे तुम न आओ।
याद है तुम्हारी चाहे तुम मुझे भुलाओ ॥

है मद भरे नयनो पे प्रीति भरी ज्योति।
रस भरे होठों पे मधुरिम नयी संगीति।
फूलों से गालों पे मधु पराग है संचित।
क्या रह सकूंगा तुम्हारी प्रीति से वंचित।
लेकिन,
थाम लिया हूँ दिल चाहे तुम न आओ।
याद है तुम्हारी चाहे तुम मुझे भुलाओ ॥

आवाज़ है तेरी मीठी मुरली सी तान।
सुराहीदार गले पे सुंदरता की खान।
प्यार से कर देना प्यार का ही दान।
स्वीकार ही होगा दिल व मेरी जान॥
लेकिन,
थाम लिया हूँ दिल चाहे तुम न आओ।
याद है तुम्हारी चाहे तुम मुझे भुलाओ॥

प्यार की ख़ुशबू

बार बार आकर के बात ये बदलते हो।
यार कैसे बुज़दिल हो आईने से डरते हो ॥

क्या छुपा रहे हरदम भाव तो लबालब हैं।
तुम जो अपने चेहरे को बार बार ढकते हो ॥

जान तो उसी को देते ज़रा नहीं सोचा।
राह में उसी के घर से सदा गुजरते हो ॥

कौन सी करामाती शाम की रही यादें।
गुनगुना रहे हर पल ध्यान से सँवरते हो ॥

इश्क की नजाकत में डूबते रहे हरदम।
प्यार की इसी खुश्बू संग तो महकते हो ॥

कोकिल कंठी मृदुभाषी

यादों की अनवरत कड़ी,
रहती है हरदम आँखों में।
नही पूजा कोई वंदना,
फिर वह स्मृति पाँखों में।
उड़ उड़ कर आती जाती,
चलचित्र की ज्यो लहरें।
नही कभी ओझल होती,
मूरत उनकी ज्यों ठहरे ॥1॥

इन नयनो में बसे हुए हो,
लिए मधुर मधुर मुस्कान।
चाँद निकला अँधियारा में,
ज्यो करता कोई अनुसंधान।
उनके प्रेम पिपासा में ही,
जन्मों तक रिश्ता जोड़ लिया।
उनके एक इशारे ने ही,
रुका कलम झकझोर दिया ॥2॥

आँखों के आगे वह जाता,
जाने उसका है ध्यान कहाँ।
है अपरिमित दृष्टि दूर पर,
उस मंजिल की सृष्टि जहाँ।
इन झरोखों से झाँखे तो,
बस झंझट की झड़ी वहाँ।
यह संसार समर भूमि,
जूझे उसकी है कीर्ति यहाँ ।।3।।

है अत्यंत लावण्य सुधा,
दीर्घ नयनो से टपक रही।
कमलों की गुलाबी आभा,
मानो गालों पर झलक रही।
जन्मों तक जिसे खोजती,
दृष्टि आकर अब रूकती है।
कई जन्मों से साथ हमारा,
सामीप्य इतनी अब लगती है ।।4।।

प्रमुदित चंचल नयनों में,
सरस आमंत्रण की भाषा।
कोकिल कंठी मृदुभाषी की,
पिया मिलन की अभिलाषा।
चंचल चितवन मृगनयनी के,
ऐसे मनभावन सुंदर लगते हैं।
ज्यों प्रभात की शुभ बेला मे,
सविता ज्योति पुंज जगते हैं ।।5।।

अधरों की कोमल पंखुड़िया,
सजी गुलाब की दो कलियाँ।
माथे की बिंदिया से झलकी,
आरुणिक शोभा की लड़ियाँ।
कातिल भौहें तानी प्रत्यंचा,
कर नैनो से शिकार पल की।
कानों में लटके झुमके झूले,
यह सौंदर्य की अपूर्व झलकी ।।6।।

इंद्रधनुषी श्रृंगार और प्रकृति

चाँद है या मुखड़ा तेरा,
रौशन दिल का आँगन है।
मयंक है या तुकड़ा तेरा,
मंगलमय मगन मन है।
तेरी ज्योत्स्ना से पुलकित,
चंद्र किरण जो लगता है।
तेरी आभा से आह्लादित,
सुधाकर रूप निखरता है ।।1।।

आ आकर सचित्र दृगों में,
कहते सारे राज गहरी,
सपनों मे भी आती उनकी,
चंचल चितवन ज्यों ठहरी।
कभी न बिछुड़न के खातिर,
उनके हर प्यारे वादे हैं,
तुफानो सा उर वेग लेकर,
उमड़ रही सारी यादें हैं ।।2।।

मेरी आँखो मे वह निर्मोही,
सदा सदा ही जम रहता है।
मेरे दिल की धड़कन बस,
तू ही तू ही जप करता है।
बसकर के संताप हृदय में,
युग-युग से ज्यों रहता है।
उड़ जा कबूतर ले संदेसा,
उर मे एक शोला दहता है ।।3।।

आजा आजा पिया परदेसी,
तुझ बिन नहीं अब रहना।
तेरी विरहन जल जायेगी,
जाकर उसको यह कहना।
तीजा पोला हरियाली मे,
तुझ बिन आग धधकता है।
मैं तो अब विस्मित हूँ कि,
कैसे अब दिल धड़कता है ।।4।।

हरियाली से आच्छादित यह,
दुल्हन सी अति शोभित धरा।
घन मेघ केश विस्तृत लसित,
दामिनी दर्शित दन्त उजला।
कटि करधनि रजत नीर नद,
इंद्रधनुषी श्रृंगार हीर हरा।
कलकल कलरव कूजत मोर,
झर झर बरसत नीर भरा ।।5।।

आया कितना पावन तीज,
मनुहार दिलों में सावन का।
झूला झूलूँ संग सहेली,
प्रेम मिला अपने साजन का।
रची मेहंदी नयन काजल,
आज संवरी सारे जेवर से।
पूजा करने मन्दिर जाऊं,
भोग चढ़ाऊँ अब घेवर से ।।6।।

सावन में विरहिणी

टंग गए सावन के झूले अब चौमास आया है,
नवयौवना के दिल प्यार का एहसास आया है,
हरी भरी हरियाली मे अब न उमंग हो कैसे,
सब सखियन मिलकर दिन परिहास आया है ।।1।।

परदेसी प्रियतम के लौटने की अब आस जागी है,
नीर भरी दुःख की बदरी से आँसू खास जागी है,
मन मार कर इस सावन में रह पाऊँ तो कैसे,
झूलते सखियों के आँखों में उपहास जागी है ।।2।।

मिलने की रुत उनसे मेरी भी काश हो जाए,
मेरे अंतर्मन की पीड़ा का उसे आभास हो जाए,
उड़ जा रे मेघा लिए जा संदेशा बालम के पास,
तुझसे पिया मिलन का एक प्रयास हो जाए ।।3।।

प्यार का इशारा न था

तुम्हारे शहर में सहारा न था,
दिलों से जो तुमने पुकारा न था ।।1।।

हकीकत बड़ा ही ग़मों से भरा,
वहाँ डूबतों को सहारा न था ।।2।।

बड़ी चोट खाई सहम सा गया,
किसी ने कभी भी विचारा न था ।।3।।

सभी कुछ मिला तो अदा से भरा,
कभी भी मगर प्यार वारा न था ।।4।।

चहेते रहे पर पता तो चले,
ज़िगर में कभी भी इशारा न था ।।5।।

सुलगती रही प्यार की आग जो,
ज़ुबाँ पर कभी भाव सारा न था ।।6।।

महारत सभी काम में था मगर,
दिलो को लुटाने नज़ारा न था ।।7।।

बहुत याद आए हमेशा हमें,
मिलन का वो मौका दुबारा न था ।।8।।

शिकायत नही अब किसी से कभी,
कभी प्यार "शेखर" अंगारा न था ।।9।।

बात पहुँचाए जाएंगे

साथी रूठ गए हम उसे समझाएं कैसे।
बोल चाल बंद हुई ख़बर पहुँचाएं कैसे।
दिल मेरा अब भी राह तकता है उनका,
सुने न मेरी बात अब उसे बताएं कैसे ।।

यादों के झरोखों मे वो ही छाए रहते हैं।
हर एक पल मे उनके ही साए रहते हैं।
तारीख बदल गए पर दिन नहीं बदले,
पलको को राह उनके बिछाए रहते हैं।।

लगता है अब गीत उसी के गाए जाएंगे।
कर वंदना उनकी उन्हें रिझाए जाएंगे।
मालुम है उनके दिल में जगह है मेरी,
बस जरिया खोज बात पहुचाए जाएंगे।।

किताब में रखे गुलाब

हसीन सी अदा बड़ी मधुर सी खिलखिला गई।
खिली हुई कली समान संगिनी लुभा गई॥

चहक बहक चली सखी नज़र मिली शबाब पर।
लगाव तो बहुत अधिक झुकाव से बता गई॥

किशोर थे हिचक बहुत जुबान पे लगाम था।
लुभावनी सु-चंचला इसी लिए सता गई॥

किताब मांग ले गई अपार नेह था उसे।
छुपा रखी कली गुलाब वापसी दबा गई॥

अभी तलक बसी हुई कुसुम कली खयाल में।
इसीलिए सरस् मधुर सु-याद को दिला गई॥

६. माटी की महक

कहमुक़री

(1)

रात अँधेरी बहुत सताते,
दबे पाँव चुपके से आते,
लगता मुझको उड़ती तितली,
का सखि साजन? ना सखि बिजली ।।

(2)

दिन-भर मुझको बहुत रुलाता,
घर से बाहर नहि कछु जाता,
डाँट दिया तो हर-पल सोता,
का सखि साजन? ना सखि पोता ।।

(3)

चार दिनों से घर नहि आया,
मुझको नहि संदेश सुनाया,
उसके बिन लगता घर बेघर,
का सखि साजन? ना सखि पेपर ।।

(4)

जब से आई गले पड़ा है,
सोते जगते साथ अड़ा है,
बहुत पुराना जैसे ताला,
का सखि साजन? ना सखि माला ॥

(5)

कभी न छोड़ूँ साथ तुम्हारा,
हरदम देता साथ हमारा,
बारिश में है बहुत सुहाता,
का सखि साजन? ना सखि छाता ॥

चांद परिधान उतारे थे

क्या गज़ब वे हँसीं नज़ारे थे।
राह तकते डगर बुहारे थे ॥1॥

शाम बीती बड़ी उदासी में।
हर समय राह में निहारे थे ॥2॥

आसमां पर बिखर गई रातें।
पर न आए डुबे सितारे थे ॥3॥

याद आती रही बराबर ही।
चाँदनी में नदी किनारे थे ॥4॥

अलसुबह भोर का हुआ आहट।
चाँद परिधान अब उतारे थे ॥5॥

रवि किरण आ रहा सुरथ पर ही।
चहुँ तरफ रोशनी पसारे थे ॥6॥

खग सु "शेखर" भजत सुपावन सा।
राह फूलों भरा सँवारे थे ॥7॥

छत्तीसगढ़ी पद

खेतन मे, खारन मे, खोरन मे,
खोजत खिझत खेल खेलन्त हैं।
छोटे-छोटे छोरन, छुप छुप के,
झौरि दौरि छप्पर मे छुपन्त है।
खो खो के खेल मे खो गए खैर,
देख दौड़ि दर्शन न दिखन्त है।
"शेखर" सब संगी सामान सकेल,
साथ सब संग सकल स्वछन्द है ॥1॥

री मइया मोरी अब बरदी न चरैहों।
प्रात उठि कर न जैहौं गौठान, गाइन संग न जैहौं ॥
तुम पुचकार भेजत दाऊ संग, उनके संग न रहिहौं।
आज बिहिनिया उठि कर कहित, मो संग झन ऐहौ।
ग्वाल बाल संग बैठि मंझनिया, गौवंन छेकन कहैहों ॥
नेकु दुपहरी यमुना जल पठवत, उनके संग न खैहो।
कह जसुमति समुझाइ गोपाल, माखन दाऊ न दैहौं ॥
"शेखर" के प्रभु कहि हरषि लें लौठिन कर ले जैहौं ॥2॥

ग्रीष्म ऋतु

धरनि जरत घाम पर ही जात।
नर नारी पंछी अरु गाएँ, पानी बिन अकुलात॥

जब तक बारिश नाहिन आवत, पौधन जरि जात।
दीखत नाहि बालक, क्रिकेट खेलत नहि उठि प्रात॥

गोधन निकसि गाँवनि सों, बाहरि तृन कहि नहि पात।
वृद्ध जवान उमस उचाट सों, भर पेटन नहि कछु खात॥

ग्रीष्मन की यह हाल कहा कहौ, लोगन को न घरु भात।
"शेखर" बेचैन चलत कहत, रहे ए सी कूलर दिन रात॥

हाइकु

(1)

स्तब्ध यामिनी,
झिंगुर का विराग,
मिलन राग ॥

(2)

बया विहंग,
नीड सुंदर घर,
कला अतुल ॥

(3)

तड़ित ध्वनि,
टंकार सम भय,
मेघ गर्जना ॥

(4)

शीत दिवस,
चकोर भ्रमित सा,
रवि या चांद ॥

(5)

ओस की बूदें,
गुल पराग मय,
सुधा वसुधा ॥

(6)

हरित तुंग,
कोहरा आच्छादित,
उनींदी आँखे ॥

(7)

निर्झर झर,
शैल शिखर पर,
दुग्ध धवल ॥

(8)

झील किनारे,
चंचल विभावरी,
चंद्र दर्शन ॥

(9)

अम्बरारम्भ,
नत अवनि पर,
परिरम्भण ॥

(10)

मीठी ज़ुबान,
कूजत विचरत,
बसंत दूत ॥

(11)

नृत्य विभोर,
हर्षित चहुँओर,
वन में मोर ॥

(12)

निसर्ग परी,
खेलती घड़ी घड़ी,
सृष्टि है यही ॥

(13)

नीली छतरी,
हरित धरा पर,
ईश प्रसाद ॥

(14)

चांद सितारे,
सिंधु सरिता गिरि,
नभ अनंत ॥

(15)

प्रभु का खेल,
कोविड नाइंटीन,
परिवर्तन ॥

मुक्तक-अवलि

मिल गया है आज मौका नम नयन पे लाज का।
गर शरम करते रहेंगे ये चरम है आज का ॥
दिल मिला है आ भी जाओ कर जतन मेरे लिए।
हर समय सपना रखेंगे ये वचन तेरे लिए ॥1॥

चिराग लेकर ईमान के उजालों को ढूंढ़ते है,
विचारों में क्रांति लाने मशालों को ढूंढ़ते हैं,
कलम की रोशनाई से जो कर दे उजाला,
ऐसे जोशो जूनून से भरे ख्यालों को ढूंढ़ते हैं ॥2॥

ये चोला चार दिनों का, माटी मे मिल जाएगा।
उड़ता पँछी पिजरा खाली, बेबस दिल जाएगा।
खाली हाथ चले दानी, धर्मी राजा रंक भिखारी।
चुपके उस देश में जा कर पिया से मिल जाएगा ॥3॥

सौप दिया सारा जीवन, अब पास हमारे क्या है।
सब भार तुम्हारे हाथों, तब खास सवारें क्या है।
मेरे जीवन रथ के सारथी, जब तुम हो गुरुवर,
कर्मक्षेत्र अब उलझे कैसे, अब पास दीवारें क्या है ॥4॥

हर कोई खुद से, यहाँ लगता गुमशुदा है।
खुद को जान ले, बस खुद मे ही खुदा है।
अमृतमय है जीवन, प्यार है इसमें इतना,
अपना मिज़ाज सच में, हर एक से जुदा है॥5॥

***

आपसे मुलाक़ात क्या हुई उमड़ रहा अनुराग है।
हृदय - सिंधु मंथन से बस बरस रहा अनुदान है।
औरो को दे सुधारत्न कर लेता स्वयं विषपान है।
उस गुरु का सब कुछ दे देना ही रहा अरमान है ॥6॥

यहाँ पर कमीशनखोरी हर जगह अकसर निकल जाएगा।
सफेद नकाबपोश हैं हर जगह तू थककर किधर जाएगा।
व्यवस्था ही ऐसी चल पड़ी है जैसे काजल की हो कोठरी,
मुह बाए खड़ा है प्यारे बच निकल अज़गर निगल जाएगा ॥7॥

स्वर्ग का अवतरण कर सके जो स्वप्नदर्शी है कोई।
दीनों की पीड़ा समझ सके जो सूक्ष्मदर्शी है कोई।
विसंगतियों की लंबी कतारें सूझ बुझ से जानकर,
प्रत्येक हाथों को काम देने भविष्यदर्शी है कोई ॥8॥

मधु का कोई छत्ता दूर तक नही मधुशाला लिख दिया।
होती नही चर्चा कभी धर्म की धर्मशाला लिख दिया।
बड़ी उलझन भी है इन राहों पर गुजरना सबसे प्यारे,
आहुतियां अभी बाक़ी प्रेम की यज्ञशाला लिख दिया ॥9॥

आज भी करते हैं याद उन्हें अनेक बहानों से।
इनकार करते रहे अपनी हठी रूखी बयानों से।
प्यार के कशिश से अपने को दूर इतना किया,
चुप रह कर घायल करते रहे ऐसे नजरानों से ॥10॥

किसी हमदर्द का दिल में रहना ग़ज़ल है।
यादों की लंबी कतारों का बहना ग़ज़ल है।
बेरुखी किसी की फिर यदि भाने लगे तो,
ग़मे दिल को लफ़्ज़ों में कहना ग़ज़ल है ॥11॥

मुस्कुराहट का कोई मजहब नहीं होता।
खिलखिलाहट का कोई उमर नही होता।
रिश्तों के धागे बस मुहब्बत से बंधे हैं ये,
अफ़साने गुनगुनाने का पहर नही होता ॥12॥

मजबूरी ऐसी कि आँखे हो सजल रो देगी।
हो इंसानियत की नज़रें तो असल रो देगी।
लाचारी सदी की लाश कन्धे पे लिए बेबस,
दिल के हम दर्द लिखेंगे तो ग़ज़ल रो देगी ॥13॥

इंसान जो दिलों में प्रेम का अलख जगाया करता है।
छल प्रपंच से विलग चैन की बंशी बजाया करता है।
कर्मों में जिनके अज्ञान का तिमिर हट गया वह तो,
आनंद के सागर में गोते निशि दिन लगाया करता है ॥14॥

कुछ तो है उसमे जो होता इंतज़ार बेसबब।
ये कैसी बेताबी है जहाँ पर इज़हार बेसबब।
अब तो ये हालत क्या बतलाएं किसी से,
चली आ रही है यादें जो बेशुमार बेसबब ॥15॥

***

बेहद मुफ़लिसी कमी पे आ मौला।
बेबस आँख की नमी पे आ मौला।
देखना हो दर्द ए ज़िगर बन्दे का तो,
खुद फलक से ज़मी पे आ मौला ॥16॥

यूँ तो दुनिया में हर तरफ देखें बकवास काफ़ी है।
दो दिलों के मेल में तो रिश्तों की मिठास काफी है।
मुहब्बत की गहराई हर किसी को आती है समझ,
ज़बां से कुछ नही कहना फ़कत एहसास काफी है ॥17॥

हमने दिल में उम्मीदों की शमा जला रखी है।
आँखों की पुतलियों में बस तुम्हे बसा रखी है।
यकीन है अभी नही तो अगले जनम जरूर,
मिलोगे हमसफ़र बनकर विश्वाश बना रखी है ॥18॥

सितम जो हो रही लाचार जनता पर ये सारा है।
ज़माने में दिखाई दे रही जो अश्रु धारा है।
सहे चुपचाप हमने जो बगावत कर नहीं पाए,
हमारे अश्क से ही तो समन्दर आज खारा है ।।19।

इंसान और इंसान के बीच भाईचारा होना चाहिए।
जीवन जीने की कला सबसे न्यारा होना चाहिए।
स्नेह सुधा से सिंचित कर दें हम सब इस धरती को,
मानवता की राहों में एक साथ प्यारा होना चाहिए ।।20।।

***

हर सासों में हर धड़कन में वहअपना नाम लिखा रखा है।
बहती हुई हवा के हर झोको में अपना आस दिला रखा है।
उनके सहज प्रेम पूर्ण मनुहारो सी हर अभिनंदन की बातें,
इतनी दूरी भी नजदीकी बन जाए ऐसा प्रेम पिला रखा है ।।21।।

आज हरेक इंसान को सियासत की चाल से फ़िक्र हो रहा।
बढ़ती हुई महंगाई का हर मोड़ पे लोगो में ज़िक्र हो रहा।
भ्रष्टाचार के हैवान को कोई उसके हद में रखे तो रखे कैसे,
जंहा उनके सरमायेदारों के इरादे रोकने में बेफिक्र हो रहा ।।22।।

जिसने फ़कत अपना हित जाना हैवान बन गए।
जो जिए देश के खातिर अमर जवान बन गए।
सुख तो आते जाते जगत में हर पल लेकिन,
जिसने पर पीड़ा पहचानी वह भगवान बन गए ।।23।।

मान जाएंगे लेकिन किसी को बताते नहीं है।
दर्द अपने दिल की किसी को दिखाते नहीं है।
आज़मा के न देख बिखर जाएंगे तेरे सनम,
किसी के मायूसी के पल में यूँ चिढ़ाते नहीं है ।।24।।

भारत माँ के गौरव का इतिहास निराला है।
वीर सपूतों का शौर्य जगत सबसे आला है ।।
इसकी शान बढ़ाने पर ही ध्यान सदा रखना।
विश्व गुरू बनकर ये सूरज उगने वाला है ।।25।।

मातृभूमि के ओ संतानों पहचानो फिर अपने को।
भाल सजा दो पूर्ण करो तुम भारत माँ के सपने को ।।
वीर शहीदों की आत्माएं तुमको याद दिलाती हैं।
यह पथ गौरव का है जनहित खुद का जीवन खपने को ।।26।।

जापानी विधा 'तांका'

1

लगी है भूख,
माँ मुझे पुकारती,
खाना गरम,
मिला हमे उधार,
खा उसे बाँटकर ॥

2

भाग में लिखा,
प्रेम से खिला उसे,
दौर दावतें,
ईश का दिया हुआ,
संतोष का समय ॥

3

है सहिष्णुता,
आनंद की प्रतीति,
दान में छुपा,
मानवता की सीख,
है दिल का अमीर ॥

4

सोचती है माँ,
गाँव हो या नगर
भूख एक सी,
कहाँ है मज़हब,
लड़ा रहा है कौन ॥

5

जाति भूख की,
ये बता मुझे जरा,
यहाँ मगन,
सोई है मानवता,
जरा उसे सुधार,

हाइकु (प्रकृति)

(1)

हे अंतरिक्ष,
प्रणव पयोनिधि,
दयानिधान ॥

(2)

हर आदमी,
फंसा महंगाई के,
चक्रव्यूह में ॥

(3)

गुंजत अलि,
कुसुम कली पर,
दीवानापन ॥

(4)

ओस कणिका,
झिलमिल मौक्तिक,
मुग्ध वसुधा ॥

(5)

वर मयंक,
ले तारों की बारात,
सजी यामिनी ॥

(6)

रवि सवार,
रथ नव तुरंग,
अलस्सुबह ॥

(7)

अजातशत्रु,
क्षितिज पर टांग,
इंद्रधनुष ॥

(8)

माघ बहार,
प्रसून सुसज्जित,
पुलकित भू ॥

(9)

शीत सुगंध,
समीर मकरंद,
मस्त बसंत ॥

(10)

गोधूलि पल,
मंदिर में निनाद,
संध्या अर्चन ॥

(11)

मादक रूप,
श्यामल चितवन,
प्रदोष काल ॥

(12)

पावन नीर,
कलकल बहती,
सुरसरिता ॥

(13)

सुंदर वन,
हरित धराधर,
तरु अनंत ॥

(14)

सिंधु विस्तार,
तरंग भयानक,
अति हुंकार ॥

(15)

चंचल मन,
पग भंवर पर,
भटका जन ॥

(16)

जीने की चाह,
चली पनिहारिन,
ले मृगतृष्णा ॥

(17)

जल जीवन,
अमृत का कलश,
है अनमोल ॥

(18)

प्यासा ही जाने,
जल भरी गगरी,
पानी का मोल ॥

(19)

नारी का त्याग,
जल की तलाश,
अपरंपार ॥

(20)

जलती धरा,
तपती दोपहरी,
जल की मांग ॥

शरद पूर्णिमा

शरद रितु पूरनमासी के चन्दा के ठहराव इहाँ।
खीर ला अमरित बनाए के संगी पड़ाव इहाँ ।।1।।

चन्दा चम् चम् ले चमकत हे गली गली खोर मा,
तरिया नदी जंगल में उजियारी के फैलाव इहाँ ।।2।।

शीतल ममहाती पुरवा चलथे सबके गाँव मा,
मगन हे जम्मो परानी सब के हे झुकाव इहाँ ।।3।।

आजे के दिन रास राचाइस वृंदावन के घास मा,
कृष्ण कन्हैया गोपी संग सब के हे लगाव इहाँ ।।4।।

छत मा खीर टंगाये हे अमरित के आस मा,
आपस में मिल बाट खाए के हे बरताव इहाँ ।।5।।

सब संगी मिल भजन गा के रात बितायिन,
मिल के भाईचारा के दिखथे अब झुकाव इहाँ ।।6।।

धरती के सकल चराचर सब ले बोले "शेखर, "
सब के मन प्रेम के बंधना दिखत जुड़ाव इहाँ ।।7।।

7. ज्ञान-ज्योति

तूफान शायरी के

मिलती है मुझसे अक्सर, दो पाट सी नदी के।
फिर भी मिलेंगे हम तो, इतिहास बन सदी के ।।1।।

सांसे मिली हमें है, गिनती में हर किसी के।
देखो न व्यर्थ जाए, इक पल भी जिंदगी के ।।2।।

कितना भी सज सँवरकर, आ जाओ पास मेरे।
हम तो फ़िदा हुए हैं, इक तेरी सादगी के ।।3।।

चाहत किसी का दिल में, संजो रखे दबाकर।
बाहर निकल न जाए, तूफ़ान शायरी के ।।4।।

हर सांस में बसी है, बस नाम उस ख़ुदा का।
हो बंद जब भी ऑखे, तब नूर बंदगी के ।।5।।

जीवन बिता दिया पर, जीना न सीख पाए।
पूछे अगर खुदा तो, है शब्द बानगी के ।।6।।

जो कुछ यहां मिला है, फानी सभी है "शेखर"।
जाता न कोई रिश्ता, है साथ आदमी के ।।7।।

बचपन से पचपन

यहां दिन बीत जाते हैं, मुसाफिर को समझने में ।
बड़ी जन्नत मिली थी माँ की गोदी में सिसकने में ॥1॥

नहीं मिलता जहाँ वैसा गुजारे थे जो बचपन के।
न कोई फिक्र था भारी सुकूँ मां से लिपटने में ॥2॥

गया बचपन किशोरों सा हुआ धड़कन रंगीला मन ।
सजीले हो गए सपने मचलता दिल निखरने में ॥3॥

जवानी की घड़ी आई बड़े सपने जगे मन मे ।
कभी उलझन कभी संघर्ष लगता था सुधरने में ॥4॥

मिली दुल्हन बसा घरबार रौनक छा गई अब तो ।
खुशी सौगात ले आई लगा जीवन सँवरने में ॥5॥

सजी बगिया बहारों से खिले गुल साथ मे सुंदर ।
सफ़र ऐसा सजीला हो गया अपना महकने में ॥6॥

हुआ कब पार पचपन भी पता चलने नहीं पाया ।
कहानी क्या कहें "शेखर" रवानी है न रुकने में ॥7॥

नेकी का सिलसिला

करना शुरू हमे ही नेकी का सिलसिला है।
जुड़ते चलेंगे साथी नायाब काफिला है ॥1॥

देना अगर सिखा तो दिन रैन भेजता है।
देती हमारी हाथें कहने को देवता है ॥2॥

अर्जी किया खुदा को बस सामने कहाँ थे।
सुनते हैं सबका लेकिन मेरा ही अनसुना है ॥3॥

हर सांस में समाया इंसान के ज़िगर में।
कोई न उनका मजहब ऐसा ही तो खुदा है ॥4॥

वो कौन है जो बांटे इंसान को धरम में।
है खून एक जैसा क्यों आदमी जुदा है ॥5॥

दीवार कौन सी है रोके हमें जहां में।
हम ठान लें अगर तो हालात खुशनुमा है ॥6॥

आवाज़ दे रहे हैं सबको समान "शेखर"।
चलना उसी के रस्ते सबका ही रहनुमा है ॥7॥

सपनों को साकार करते

ज़िद वही जो सपनों को साकार करते।
मंजिलों के पास जा अधिकार करते ।।1।।

धार कितनी भी रहे नाविक सँभल के।
हौसले से वह नदी को पार करते ।।2।।

मुश्किलें आएँ बड़ी से भी बड़ी जो।
बाँह की ताकत लिए ललकार करते ।।3।।

सामने तूफ़ान रोके राह रोड़ा।
तब भुजाओं से कहर दमदार करते ।।4।।

बैठ रहता ले भरोसा आस किस्मत।
मिल न पाया कुछ कभी मनुहार करते ।।5।।

चाहने से मिल नहीं जाता किसी को।
देवता भी देखकर उपहार करते ।।6।।

हम चलें नेकी के रस्ते जान "शेखर"।
सब के दिल मे प्यार का संचार करते ।।7।।

जो बोया वो काटोगे

कभी बुराई काम न करना।
खुद को यूँ बदनाम न करना ॥1॥

अच्छी करनी करने वालों।
जल्दी कर लो शाम न करना ॥2॥

घर की बातें घर मे सुलझे।
बस यूँ ही सब आम न करना ॥3॥

मात-पिता के उल्फ़त का जी।
बिन समझे ही दाम न करना ॥4॥

मीठी मीठी कहने वालों।
वक़्त पड़े कुहराम न करना ॥5॥

जब तक मंजिल मिल नहि जाए।
तब तक तू आराम न करना ॥6॥

जो बोया काटोगे "शेखर"।
बुरा हुआ इल्जाम न करना ॥7॥

सपने सजा के देख लिया

हमने सपने सजा के देख लिया।
या कहें आजमा के देख लिया ॥1॥

चाहतें फिर अलग नहीं होती।
दिल में उनको बसा के देख लिया ॥2॥

चाँद सी रोशनी लिए मुखड़ा।
अपने अंदर छुपा के देख लिया ॥3॥

राज की बात फिर नहीं कुछ भी।
उनसे रिश्ता निभा के देख लिया ॥4॥

आखिरी पल तलक नहीं सुलझे।
ऐसी गुत्थी बना के देख लिया ॥5॥

चंद लम्हे किसी के हाथों में।
बन कहानी रचा के देख लिया ॥6॥

कैसे कह दें खराब दुनिया को।
दर्द दिल मे छुपा के देख लिया ॥7॥

दिल की बात

बात दिल की ज़रा सुन लिया कीजिए।
रास आए वही फिर किया कीजिए ॥1॥

काम आए न दौलत कभी भी वहाँ।
राह अपने भलाई सदा कीजिए ॥2॥

कोई कहता खुदा तो नहीं है मगर।
दिल के फाटक खुला तो रखा कीजिए ॥3॥

सांस चलती नहीं खींचने से कभी।
पास डोरी कहाँ है पता कीजिए ॥4॥

जिंदगी का नहीं है भरोसा यहाँ।
जो मिला बस उसी में मज़ा कीजिए ॥5॥

हाथ अपने सभी कुछ बनाए बने।
अपनी किस्मत स्वयं ही लिखा कीजिए ॥6॥

राह नेकी सदा ही चलें साथ मे।
गीत "शेखर" उसी के रचा कीजिए ॥7॥

तरक्की का तूफान कर

है सभी कुछ धरा पर यहाँ जानकर।
चुप न बैठें उठें औऱ आह्वान कर ।।1।।

स्वर्ग उतरेगा इक दिन तेरे चाह से।
बाजुओं से हुनर का तू अरमान कर ।।2।।

मोड़ दे रुख हवा का चले जो गलत।
हर दिशा में तरक़्क़ी का तूफ़ान कर ।।3।।

राह में बन के रोड़ा कोई आ रहा।
देख ले उस कमी को तु आसान कर ।।4।।

लीक में हम चलें यह ज़रूरी नहीं।
रास्ते चुन नया सबको हैरान कर ।।5।।

पंथ जिसने दिखाया किसी ने बड़ा।
उस महाजन सभी का ही सम्मान कर ।।6।।

चाँद के पार "शेखर" पहुँचना हमें।
दूर ज्यादा नहीं अब तो इमरान कर ।।7।।

लोगों में ईमान रहेगा

जब तक हमको ध्यान रहेगा।
मिलता मंजिल शान रहेगा ॥1॥

जब तक मानवता है जग में।
जीना सब का आसान रहेगा ॥2॥

भाई चारा आपस मे हो।
हरदिल में भगवान रहेगा ॥3॥

इक दूजे के सुख दुःख में जब।
हो शामिल तब मान रहेगा ॥4॥

जो भी मिलता काम हमें है।
कर मन से सम्मान रहेगा ॥5॥

देश तरक्की करता जाए।
लोगों में ईमान रहेगा ॥6॥

सारे ताने बाने "शेखर"।
मिलकर सब सामान रहेगा ॥7॥

राह उनने सदा बुहारी है

जिंदगी साथ मे गुजारी है।
चंद दिन की रही हमारी है ॥1॥

दे दिया रब ने जिंदगी हमको।
प्यार की खुल रही पिटारी है ॥2॥

चाहते हैं यहाँ बडी गहरी।
अपने दामन से खुद निखारी है ॥3॥

रास्ते थे बड़े कठिन आगे।
साथ चलकर वही सँवारी है ॥4॥

जिंदगी में रहे कटीले जो।
राह उनने सदा बुहारी है ॥5॥

मिलके चलते रहे हमेशा ही।
हर कदम साथ ही उतारी है ॥6॥

संग चलते खुशी खुशी "शेखर"।
चाहतों के हुए पुजारी है ॥7॥

दिखा राह नेकी चलें हर कदम

जहाँ पर कभी भी अदावत* नहीं।
वहाँ पर तो कोई अदालत नही ।।1।।

ये कैसा अज़ब है सफर जिंदगी।
कहीं पर मुसाफिर सलामत नहीं ।।2।।

करूँ आज सज़दा इनायत* मिले।
हे मालिक मेरा ये इबारत* नहीं ।।3।।

दिखा राह नेकी चलें हर कदम।
अमल हो ये केवल नसीहत* नहीं ।।4।।

मिले चंद लम्हे गिनी साँस है।
असल जिंदगी है रवायत* नहीं ।।5।।

मुहब्बत से जीना अगर आ गया।
वहाँ पर किसी की ज़लालत* नहीं ॥6॥

चलें मिल के "शेखर" सभी आदमी।
समझ लो किसी की अज़ीयत* नही ॥7॥

*अदावत = शत्रुता,
इनायत = कृपा,
इबारत = वाक्य की बनावट, अर्थ,
नसीहत = सलाह, उपदेश,
रवायत = कहानी, किस्सा,
ज़लालत = अपमान,
अज़ीयत = यातना ॥

आज से तो कल जरा बेहतर मिले

आजतक जो भी मिले नश्तर मिले ।
ज़िंदगी की राह में पत्थर मिले ॥1॥

ले शराफत का लबादा ओढ़कर ।
भीतरी हैवान जो अक्सर मिले ॥2॥

जो हमेशा प्यार का मनुहार था ।
सामना होते ही वो डरकर मिले ॥3॥

आग पानी में लगा छूकर ज़रा ।
इस तरह जब भी मिले बचकर मिले ॥4॥

अब न कोई दूरियाँ है दिल मे तो ।
फिर भला वो बात क्या सजकर मिले ॥5॥

सोच ऐसा था निभा लेंगे हमी ।
भावनाओं में लगा बहकर मिले ॥6॥

आस रखता हूँ बड़ा "शेखर" यहाँ ।
आज से तो कल जरा बेहतर मिले ॥7॥

इल्म की रौशनी

आदमी को चाहिए क्या ज़िंदगी में।
बस रहे इंसानियत हर आदमी में ।।1।।

आँख मूंदे बैठता है चाह सज़दा।
दिल मे कोई घर किया है बंदगी में ।।2।।

बात कह दे जो ज़ुबाँ से कम नज़ाकत।
आँख बोले तो असर है ख़ामुशी में ।।3।।

तौल कर बोलें सदा ही बात ऐसी।
हो ही जाती है फ़ज़ीहत बेख़ुदी में ।।4।।

हर कोई पैदा हुआ है इक तरह से।
क्यों गुज़रती ज़िंदगी फिर बेकसी में ।।5।।

हर किसी को है भरोसा उस खुदा पर।
कौन है जो दे रहा सब बेबसी में ।।6।।

सब ही लोगो को मिला जो इल्म "शेखर"।
अब नहाते जगमगाते रोशनी में ।।7।।

घर खुदा का मेरा ठिकाना है

आदमी का न आशियाना है।
दूर इक दिन हमें भी जाना है ॥1॥

घर बनाया यहाँ जमानत में।
खोजता रह गया खज़ाना है ॥2॥

दो टके के लिए जहाँ भर में।
चाह कर क्यों रहा दिवाना है ॥3॥

है सभी को पता न कुछ जाता।
फिर भी जग में नही लुटाना है ॥4॥

लाख कर ले जतन यहाँ रहकर।
दीप तन का यहीं बुझाना है ॥5॥

लोग क्यों मानते नहीं आखिर।
राह सच का बड़ा सुहाना है ॥6॥

दे मुझे राह जो मिले "शेखर"।
घर खुदा का मेरा ठिकाना है ॥7॥

बदल रहा हूं मैं

आईना देख ढल रहा हूँ मैं।
आज खुद को बदल रहा हूँ मैं ।।1।।

दौर कुछ इस तरह चला है तो।
संग सब के पिघल रहा हूँ मैं ।।2।।

गैर जैसा नहीं बगावत है।
आग अंदर दहल रहा हूँ मैं ।।3।।

भीतरी भाग में मची हलचल।
देख हालत मचल रहा हूँ मैं ।।4।।

रोज जीना हुआ बहुत मुश्किल।
सोच "शेखर" सँभल रहा हूँ मैं ।।5।।

आत्मसुधार

ज़रा सोचो कहाँ ताकत लगाई है दिखाने में।
नही महफूज़ बेटी हैं लगे जुर्मी जलाने में ।।1।।

पुरानी सी कथाओं पर हुए हुड़दंग दिखाई दी।
कहाँ जिंदो के अस्मत को नहीं लगते बचाने में ।।2।।

समझ लो आज बारी थी किसी लाचार महिला की।
लगी है घुन कहीं पर तो न होगी देर आने में ।।3।।

बिमारी को मिटाना है नही तो खुद ही झूलसोगे।
दवाई कर नही तो आ रहा दीमक ठिकाने में ।।4।।

लगी गर आग घर मे पास वालों के बुझाना है।
रहा बेसुध न जागोगे समझलो घर जलाने में ।।5।।

जहाँ माहौल बिगड़ा है सुधारेंगे यहाँ खुद को।
तभी होगा सभी महफूज़ हम सबको उठाने में ।।6।।

यहाँ चाहे सभी "शेखर" सुधारेंगे पड़ोसी को।
करें शुरुवात खुद से ही ये दुनिया को सजाने में ।।7।।

राज़ गहरा

चार दिन की रही जवानी है।
मौत आए यहीं समानी है ।।1।।

जिंदगी भर नहीं मिली फुर्सत।
बात दिल की तुम्हे बतानी है ।।2।।

रात दिन देखता रहा दर्पण।
राख बनकर यहीं मिलानी है ।।3।।

कोई अपना नहीं किसी का भी।
जब तलक साथ है निभानी है ।।4।।

साथ जाता वहाँ नहीं कुछ भी।
जो कमाया यहीं लुटानी है ।।5।।

जिंदगी मौत से लड़े जब तक।
आखिरी सांस की कहानी है ॥6॥

तेल साबुन लगा रहा मलकर।
याद रखना इसे जलानी है ॥7॥

हर जनम गीत गा रहे मन से।
बात लगती बड़ी सयानी है ॥8॥

राज़ गहरा सुना दिया "शेखर"।
बच न पाता यहां निशानी है ॥9॥

वो कौन है?

सुबह से शाम तक हमें निहारता वो कौन है।
जुदा किया मिला दिया सँवारता वो कौन है ॥1॥

नज़र न आ रहा उजास का छुपा हुआ यहाँ।
सुगन्ध फूल में रहा बिखेरता वो कौन है ॥2॥

सभी जगह रमा हुआ पवन सुगंध धार पर।
ज़ुबान तो नहीं कहीं पुकारता वो कौन है ॥3॥

मनुज कहीं न खो चले गुमान के कुपंथ पर।
सुकर्म के सुराह पर सहेजता वो कौन है ॥4॥

जहां कहीं भटक गया ज़ुबान अपने ठौर से।
लगाम जीभ पर लगा बिसूरता* वो कौन है ॥5॥

सदा सदा अजर अमर रहा सभी के साथ में।
शरीर से अलग मगर निकालता वो कौन है ॥6॥

गली गली "शेखर" नगर वनों में संत खोजता।
हरेक शै पे नूर बन के छा रहा वो कौन है ॥7॥

*बिसूरता = चिंता या सोच में पड़कर देखते रह जाना।

तैरना यहां भव से

रोशनी दिखानी है इक दिया बना लेना।
आदमी को आता है क्या से क्या बना लेना ।।1।।

मोम सी ये काया है ढालना तुम्हे ही है।
खुद तराशना पत्थर औऱ खुदा बना लेना ।।2।।

राज़ ये बताते हैं वक़्त को न खोना तुम।
बात ज्ञान की सुनकर क़ायदा बना लेना ।।3।।

जीतता वही है जो इस जहान में आकर।
सो रहा जो जीवन है साधना बना लेना ।।4।।

आम रास्ते पर चलते सभी यहां "शेखर"।
तैरना यहाँ भव से कामना बना लेना ।।5।।

संकल्प

अपनी किस्मत की बुलंदी को सँवर जाने दे,
आए तूफ़ान अगर पास से गुज़र जाने दे ।।1।।

हौसला हो तो भला कौन तुझे रोकेगा,
आए जो भी हो बला साथ भँवर जाने दे ।।2।।

मुश्किलें मौज की सूरत जो डराएँ तुझको,
अपनी फ़ौलाद सी बाँहों को बिफर जाने दे ।। 3।।

राह की हर इक चट्टान जो अड़ जाए अगर,
इन इरादों की रवानी से बिखर जाने दे ।।4।।

मिल के चलने से ही बनते हैं नए कारवाँ,
इस समायोजन को अब और मुखर जाने दे ।।5।।

ज़िंदगी सारी कटी राह बनाने में ही,
अब तो कुछ पल भी जरा अपने बसर जाने दे ।।6।।

उम्र भर काम किया औरों की खातिर "शेखर, "
याद अब उसकी उजालों में उतर जाने दे ।।7।।

सफ़लता पा नहीं इतराइए

अपने जेहन को न यूँ गर्माइए,
हाल ए दिल पर नहीं घबराइए ।।1।।

चाँद सूरज साथ तेरे राह में,
हर ज़माने की नही दोहराइए ।।2।।

बढ़ हमेशा तय करे जो फासला,
जिंदगी फिर शान से महकाइए ।।3।।

फस गए जो राह के साथी यहाँ,
उस मुसाफिर को नहीं उलझाइए ।।4।।

हाथ पर धर हाथ बैठे क्यों रहें,
अनबुझी जीवन दिशा सुलझाइए ।।5।।

मिल गया जो राह चलते आसमाँ,
तो सफलता पा नही इतराइए ।।6।।

जो भलाई हो तो "शेखर" देश की,
लोकहित तशरीफ़ तो फरमाइए ।।7।।

मुनासिब डगर

ये मुलाकात इक कहानी है,
साथ चलते हुए रवानी है ।।1।।

होश में रह लिया वही इंसा,
बाद समझा नहीं नादानी है ।।2।।

जो सही बेमिसाल होता है,
वरना खतरे की निशानी है ।।3।।

सब मुनासिब डगर चलें अपने,
मानता जो नही तबाही है ।।4।।

जिंदगी की हरेक शै "शेखर, "
उलझनों की यहाँ पिटारी है ।।5।।

प्यार जरूरी है

उस पार उतरना है पतवार ज़रूरी है।
पाना यदि मंजिल तो टंकार ज़रूरी है ।।1।।

लाचार नहीं कुछ भी सीने में दबा तूफ़ां।
फौलाद तेरी बाँहे दमदार ज़रूरी है ।।2।।

आता है बनाने हमको चीज़ ज़रूरत का।
कोई न कभी कह दे तलवार ज़रूरी है ।।3।।

आसान नहीं कहना हमको सुकुमारों सा।
जाबाज़ जवानों का ललकार ज़रूरी है ।।4।।

मत छेड़ सुनारों से यदि काम निकलता हो।
हम टोह लिए बैठे लोहार ज़रूरी है ।।5।।

माहौल कोई ऐसा उस पार उतरने का।
पीछे न हटेंगे हम बौछार ज़रूरी है ।।6।।

हम सोच यही रखते जब प्यार से सुलझे तो।
"शेखर" के लिए फिर क्यों हथियार ज़रूरी है ।।7।।

असल ज़िंदगी है रवायत नहीं

जहाँ पर कभी भी अदावत* नहीं।
वहाँ पर तो कोई अदालत नही ॥1॥

ये कैसा अज़ब है सफर जिंदगी।
कहीं पर मुसाफिर सलामत नहीं ॥2॥

करूँ आज सज़दा इनायत* मिले।
हे मालिक मेरा ये इबारत* नहीं ॥3॥

दिखा राह नेकी चलें हर कदम।
अमल हो ये केवल नसीहत* नहीं ॥4॥

मिले चंद लम्हे गिनी साँस है।
असल जिंदगी है रवायत* नहीं ॥5॥

मुहब्बत से जीना अगर आ गया।
वहाँ पर किसी की ज़लालत* नहीं ।।6।।

चलें मिल के “शेखर” सभी आदमी।
समझ लो किसी की अज़ीयत* नही ।।7।।

*अदावत = शत्रुता,
इनायत = कृपा,
इबारत = वाक्य की बनावट, अर्थ,
नसीहत = सलाह, उपदेश,
रवायत = कहानी, किस्सा,
ज़लालत = अपमान,
अज़ीयत = यातना ।।

मंजिल पर कदम बढ़ाओ

जब तक लक्ष्य न मिलता राही आगे बढ़ते जाओ।
पलक पाँवड़े बिछा दिया है मंजिल कदम बढ़ाओ ॥1॥

भय से रूकती नही आंधियां, चाहे कितना घबराएं।
रुको नही पथ पर डटे रहो, विपत्तियों से टकराएं।
जिन संकल्पों मे शक्ति न हो, तेजहीन हो जो वाणी।
नही दिशाओ को बदल सके, वह क्या लाचार जवानी।
लक्ष्य स्वयं कदम चूमेगी, अब तो बाहें सबल उठाओ ॥2॥

खुद पर हो विश्वास सदा लक्ष्य दृष्टि में अवगुंठित हो।
जग की टेढ़ी राह मोड़ दे, सदगति से अनुबंधित हो।
कष्ट कंटकों से आपूरित, पथ को देख न हिम्मत हारी।
नित्य निरंतर अग्रेषित हो, फिर निश्चय विजय तुम्हारी।
उन्मुक्त गगन में उड़ उड़ कर, अब नवप्रभात ले आओ ॥3॥

बनी रहे मुस्कान बस, उत्साह से तुम नाता जोड़ो।
मजधार में यदि नाव फसे, तो धैर्य से न नाता तोड़ो।
धधक रही हो अग्निकुंड, या शिलाखंड अवरोधक हो।
आगे ही बढ़ना तुमको है, कुचल उसे जो अवरोहक हो।
कमर कस लिए एक बार, तो जौहर सफल दिखाओ ॥4॥

महफ़िल को सजाया जाए

जिंदगी बीत रही बात बिठाया जाए।
सादगी से खुशी महफ़िल को सजाया जाए॥

चार दिन की है चमक ये नहीं कुछ साथ चले।
छोड़कर मोह को दुनिया में लुटाया जाए॥

राह चलते मुसाफिर से नहीं कोई वास्ता।
क्यों करे बैर भला ताल मिलाया जाए॥

पाप की गठरी लिए चल रहे जीवन भर यूँ।
सावधानी इसी में पुण्य कमाया जाए॥

सो रहे अंजान बनकर फेर अपनी आंखें।
हर मनुज को ज़रा सम्हल ये बताया जाए॥

नींद से जाग कहाँ है तुझे जाना आखिर।
राह हर आदमी को सच का दिखाया जाए॥

हर दिलों में रहे छवि एक ही ऐसी "शेखर"।
मज़हबी बैर न हो बात सिखाया जाए॥

तमन्नाएं

आदमी को चाहिए क्या ज़िंदगी में।
बस रहे इंसानियत हर आदमी में ॥1॥

आँख मूंदे बैठता है चाह सज़दा।
दिल मे कोई घर किया है बंदगी में ॥2॥

बात कह दे जो ज़ुबाँ से कम नज़ाकत।
आँख बोले तो असर है ख़ामुशी में ॥3॥

तौल कर बोलें सदा ही बात ऐसी।
हो ही जाती है फ़ज़ीहत बेख़ुदी में ॥4॥

हर कोई पैदा हुआ है इक तरह से।
क्यों गुज़रती ज़िंदगी फिर बेकसी में ॥5॥

हर किसी को है भरोसा उस खुदा पर।
कौन है जो दे रहा सब बेबसी में ॥6॥

कुछ ही लोगो ने दबा ली ज्ञान "शेखर"।
अब नहाते जगमगाते रोशनी में ॥7॥

मजबूर बदलने पर नहीं करना

हमेशा याद रखना ये मचलने पर नहीं करना।
कभी वादा किसी से भी बहकने पर नहीं करना ।।1।।

ज़रा सोचो हुनर तो है नही किस्मत रहा वश में।
लगे रहना भरोसा तो ठहरने पर नही करना ।।2।।

बड़ी ज़ालिम ये दुनिया है कदम रखना सँभल के ही।
बड़ा शातिर ज़माना ग़म उभरने पर नहीं करना ।।3।।

यहां आना यहां जाना लगा रहता मुसीबत है।
मिलो तो फिर शिकायत अब बिछड़ने पर नहीं करना ।।4।।

नही आसान इतना भी सभी कुछ छोड़ के जाना।
मुझे मजबूर इतना तुम बदलने पर नहीं करना ।।5।।

कठिन साधना

खिलाया कभी भी न कोई दवाई।
दिखाया किसी ने न ऐसी भलाई ॥1॥

हज़ारों चढ़ाया जिसे मंदिरों में।
गरीबों के ऊपर दया भी न आई ॥2॥

किसे खुश करोगे ज़रा ये बताओ।
न मानव के हित मे लगाई कमाई ॥3॥

लगे रेतने वो गला दूसरों का।
बता अब न कह दें तुम्हें जो कसाई ॥4॥

बड़ा खूबसूरत मिला था जनम ये।
बड़ी बेदिली में जनम जो गवाई ॥5

सदा याद रखना जनम ये तुम्हारा।
बड़ा कीमती है ये कैसे भुलाई ॥6॥

हज़ारों बरस की कठिन साधना से।
मिला ये जनम है सुजन ने बताई ॥7॥

सितारा नई रोशनी का

ज़रा सोचिए आजमाने से पहले।
ये नाज़ुक घड़ी लड़खडाने से पहले ।।1।।

रिवाज़ें नहीं काम आया कभी भी।
मुहब्बत कि राहें निभाने से पहले ।।2।।

चलें अपनी राहें उज़ागर करें हम।
तरक्की दिलाएं ज़माने से पहले ।।3।।

उगा इक सितारा नई रोशनी का।
चलें हम डगर पे बहाने से पहले ।।4।।

उठा भाइयों को गले से लगाकर।
नई जिंदगी दे गिराने से पहले ।।5।।

ये रोशन जहाँ को करेंगे सभी जन।
नया रास्ता जो पुराने से पहले ।।6।।

बड़ी बेबसी में गुजारा किया है।
बहुत रोए हम मुस्कुराने से पहले ।।7।।

शिकायतों पर काबू

बड़ी सबक है हिदायतों में।
सुनो अगर तुम मुसीबतों में ॥

ज़रा ठहर जा लगा ले क़ाबू।
चलो हमारी नसीहतों में ॥

लड़े हमेशा इसी जगह पर।
बटे हुए थे रियासतों में ॥

किसी समय मे लड़ा फिरंगी।
सफल हुए थे सियासतों में ॥

नही रहे दिन वही यहां पर।
दिखा दो ताकत हुकूमतों में ॥

बने रहोगे गुलाम कब तक।
दिए हुए के किफ़ायतों में॥

बनो गुणीजन संभाल खुद को।
उधार मत लो रियायतों में॥

मिसाल बनकर रहो धरा पर।
सुना था हमने कहानियों में॥

नहीं समय है तुम्हे गवाना।
लगाम "शेखर" शिकायतों में॥

कोई इशारा नहीं

अब तलक वक़्त ऐसा हाथ आया नही है।
तुमसे बढ़कर हमारे पास साया नहीं है ।।1।।

दूर तक खोजते फिरते रहे साथ यारा।
राह में दूसरा तुझ सा सितारा नही है ।।2।।

चाहता साथ चलने के लिए हमकदम बन।
अपनी राहों में तुझ सा कोई नाता नहीं है ।।3।।

आसमाँ से बता मुझ को कहाँ ठौर तेरा।
खोजता दर बदर तुझको पुकारा नहीं है ।।4।।

ध्यान में बस रहे हो तुम ही आकर हमारी।
शाम ढलती गई फिर भी इशारा नहीं है ।।5।।

मुझे ढूंढता क्यों है किताबों में

सुनो नाविक भँवर के पास डर कैसा किनारों में।
डगर होगा तभी आंसा न झुकना तुम इरादों में ।।1।।

कभी खोजा नहीं खुद में छुपे खुद को ज़रा रुक कर।
अजी खोलो निग़ाहों को, मिलूंगा मैं चिताओं में ।।2।।

किसी दुल्हन कि बेचैनी पिया के घर चली जब वो।
छुटी बाबुल कि गलियों से गिरे आँसू निगाहों में ।।3।।

सलामत है नहीं कोई यहां दुनिया डरा फिरता।
सभी के ध्यान कोरोना कहाँ सुख चैन लोगों में ।।4।।

यहाँ जादू चलेगा सिर्फ़ उनका ही पता सबको।
सभी संसार भय खाता मगर क्यों है सवालों में ।।5।।

गुनाहों की बड़ी सूची हुई लंबी दिनोंदिन ये।
किया खिलवाड़ कुदरत से यही सब कुछ हिसाबों में ॥6॥

कहाता है सुपर पावर बड़ा से भी बड़ा आयुध।
कहो किस काम आया है कोरोना के धमाकों में ॥7॥

नहीं कुछ भी हुआ हरगिज़ ज़मीं के और जीवों को।
मगर इंसा छुपा बैठा ज़हर लगता हवाओं में ॥8॥

चलें बस राह नेकी के खुदा हमसे कहे "शेखर"।
अरे नांदा मुझे तू ढूंढता क्यों है क़िताबों में ॥9॥

सच की आदत बहुत बुरी है

होती नही उम्र नियंत्रित,
न रहती अपने हाथ में,
पल में बीता जाए जीवन,
बिछुड़न लिखा साथ में।
कितनो भी कसकर पकड़ें,
मुट्ठी अपने ही हाथ की,
समय रेत सा फिसला जाए,
लेखा विधि के माथ की ॥1॥

वंदना हम कर रहे यह,
हर दिन हर पल आस की,
गिनती में ही है धड़कन,
डोर किस पल टूटे साँस की।
जो कुछ है गिना चुना,
बात यहाँ पर विश्वास की,
जिए कितना यहाँ गौण,
परहित पल मधुमास की ॥2॥

वह बीता हुआ हर लम्हा,
नही किसी के संग रहता।
लेकिन उसकी जिम्मेदारी,
आजीवन संग संग चलता।
खता किसी की यदि इसमे,
सदियों तक तूफान रहे।
वफ़ा किसी की लम्हों में हो,
युग युग तक सुनाम रहे ।।3।।

शुभ सिद्धांत वाक्य कहते हैं,
मनुज हित चारो आश्रम के।
जीवन सूत्रों में सब नीहित हैं,
सारे ही पूण्य - पराक्रम के।
ज्ञान-सत्य आधार सृजन का,
मानव जीवन की यही धुरी है,
लोगों के मन में यह क्यों बैठा,
सच की आदत बहुत बुरी है ।।4।।

"कर लिया मैंने"

मिले जब से मेरे मुर्शीद वादा कर लिया मैंने।
चलेंगे नेक राहों पर ठिकाना कर लिया मैंने ॥1॥

गुनाहों से सदा बचकर रहेंगे हम हकीकत में।
नया आयाम लेकर के, सवेरा कर लिया मैंने ॥2॥

खुदा सब का बराबर है, जमीं हो या समंदर में।
दिखा हर दिल के अंदर में, तो सजदा कर लिया मैंने ॥3॥

बहुत कम दिन यहां रहना, है दुनिया मे हमें बंदे।
इसी कारण गुनाहों से, भी परदा कर लिया मैंने ॥4॥

चलें नेकी के रस्ते पर, जहाँ आराम की दुनिया।
सजा परलोक भी लेंगे, निराला कर लिया मैंने ॥5॥

किसी दिन उड़ ही जाएगा, छुपा भीतर परिंदा है।
यही माटी बना तन है, खिलौना कर लिया मैंने ॥6॥

कई लोगों को तारा है, मुझे क्यों छोड़ के "शेख"।
मेरे मालिक बता मुझको, ये शिकवा कर लिया मैंने ॥7॥

वो वक़्त दूसरा था

हर आदमी यहां पर उम्मीद से बंधा है।
ये जिंदगी भी प्यासा इक सिलसिला रहा है ।।1।।

जागीर ये नहीं है ये मुल्क सबका अपना।
आज़ाद देश की तो जनता ही रहनुमा है ।।2।।

चारों तरफ उजाला उस रोज घर में होगा।
हर हाथ को मिलेगा जब काम फैसला है ।।3।।

चांदी सी रात आए सोने सा हो सबेरा।
ये आरजू हमारी हर घर ही जगमगा है ।।4।।

बरसेगा मेघ बनकर आशीष जब जमीं पर।
घर घर बजे बधाई जब राज भी नया है ।।5।।

पायल सी बज रही है धरती सजी हुई जब ।
रुनझुन फसल भी गाती आकाश मुस्कुरा है ।।6।।

साकार कर रहे हैं सपनों की हम इमारत ।
आकाश को छुएगा ये कारवाँ सदा है ।।7।।

आगे रहे हमेशा झुकता नहीं कभी जो ।
धरती का देवता वो अपना ही हलधरा है ।।8।।

"शेखर" कहे ज़माना हर शख़्स सोचता है ।
वो वक़्त दूसरा था ये वक़्त दूसरा है ।।9।।

हसीं सौगात का मौसम

नए आगाज़ का मौसम नई हालात का मौसम।
ये सभी के पास आएगा हसीं सौगात का मौसम ।।1।।

भुलाना ही हमें होगा वो हर इक दर्द का लम्हा।
मिला जिसमें बड़े तकलीफ़ वो आफ़ात का मौसम ।।2।।

नशे से दूर ही रहना तबाही सिर्फ है मंजर।
सदा बरबाद करता है सभी खैरात का मौसम ।।3।।

नए अरमान जागे हैं बदलने को नया करवट।
हमें आगे ही बढ़ना है खुशी की बात का मौसम ।।4।।

हकीक़त में उतारेंगे नए ख्वाहिश फलक पर से।
हुआ दिलकश नज़ारा अब नई शुरुआत का मौसम ।।5।।

जगाने के लिए करना यही इक काम सब को है।
लगाएं दांव उठने को मशक्कत घात का मौसम ।।6।।

जहां से तोड़ लाने का हसीं ख्वाब के तारे।
नया रस्ता हुनर पुख़्ता नया आलात का मौसम ॥7॥

मिसालें हों हमारे वो सभी जो काम करते हैं।
इरादा नेक रखते हैं बढ़े अलमात का मौसम ॥8॥

करेंगे काम उम्दा सा दिलों में राज करने को।
खुशी हासिल जमाने को निर्यात का मौसम ॥9॥

मिले चाहत अदब से आगवानी में रहें हरदम।
गिलेशिकवे भुलाकर के वफ़ा आयात का मौसम ॥10॥

उम्मीदें हैं जगी "शेखर" नए सपने सजाने को।
तसव्वुर भी हकीक़त हो यही इस्बात का मौसम ॥11॥

*आफ़ात = मुसीबत,
आलात= औजार,
अलमात=शान,
इस्बात=साबित करना,
तसव्वुर=ख्वाब ॥

स्वर्ग उतरेगा धरा पर

है सभी कुछ धरा पर यहाँ, जानकर,
चुप न बैठो, उठो औऱ आह्वान कर ॥1॥

स्वर्ग उतरेगा इक दिन तेरी चाह से,
बाज़ुओं की हुनर का तू अरमान कर ॥2॥

मोड़ दे रुख़ हवा का, चले जो ग़लत,
हर दिशा में तरक़्क़ी का तूफ़ान कर ॥3॥

राह में बन के रोड़ा खड़ा जो मिले,
देख उन मुश्किलों को तू आसान कर ॥4॥

लीक पर ही चलें ये ज़रूरी नहीं,
रास्ता चुन नया, सबको हैरान कर ॥5॥

पंथ जिसने दिखाया, बड़ा जो बना,
उस महाजन सभी का तू सम्मान कर ॥6॥

चाँद के पार "शेखर" पहुँचना हमें,
दूर ज्यादा नहीं अब तू हैरान कर ॥7॥

www.ingramcontent.com/pod-product-compliance
Lightning Source LLC
Chambersburg PA
CBHW041259210926
51847CB00009B/69
* 9 7 8 9 3 7 4 2 6 0 6 6 1 *